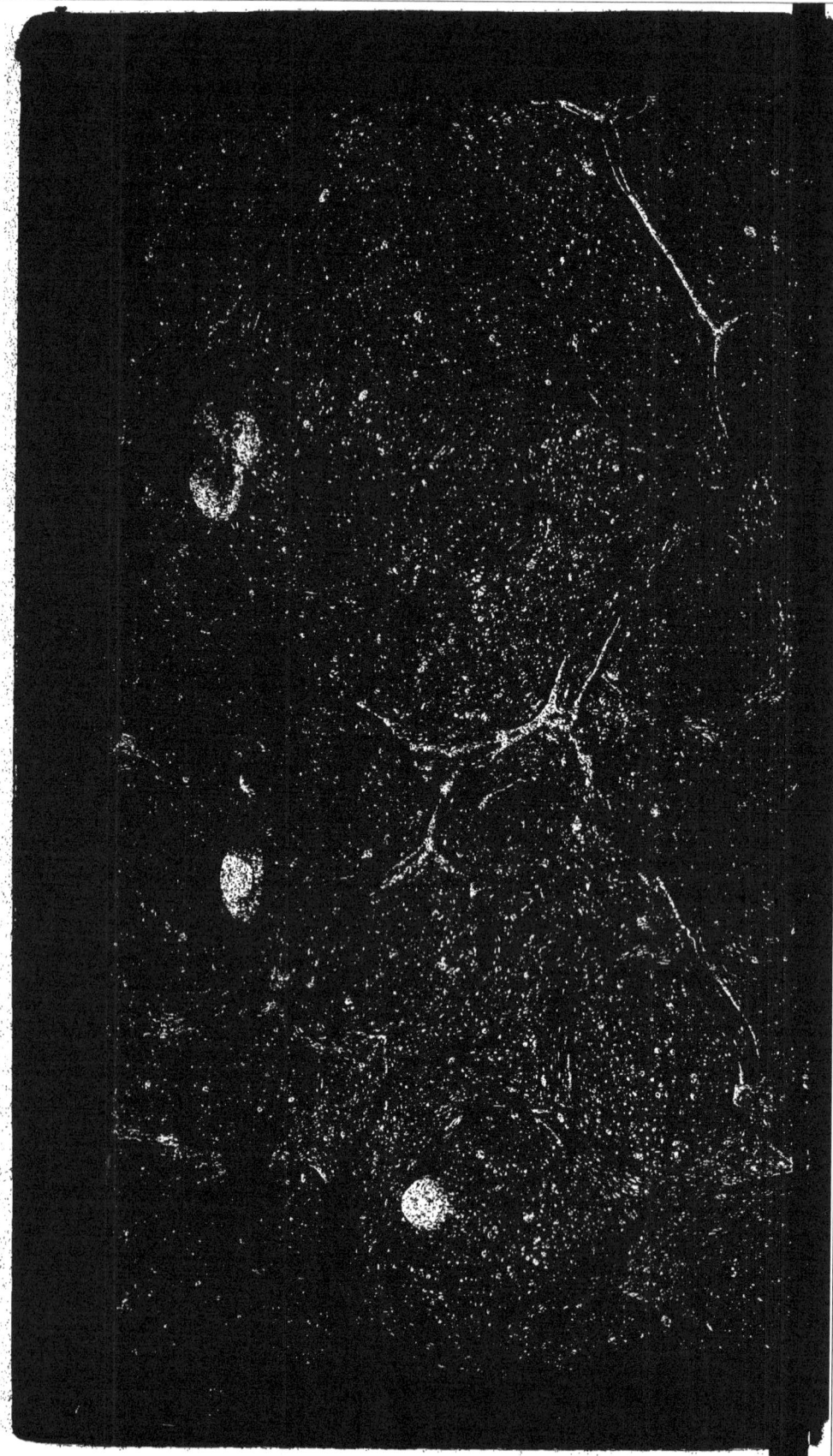

D
2766
H

TABLEAU

DES

RÉVOLUTIONS

DE L'EUROPE.

IV.

TABLEAU
DES
RÉVOLUTIONS
DE L'EUROPE,

DEPUIS LE BOULEVERSEMENT DE L'EMPIRE
ROMAIN EN OCCIDENT JUSQU'A NOS JOURS;

PRÉCÉDÉ D'UNE INTRODUCTION SUR L'HISTOIRE, ET ORNÉ DE
CARTES GÉOGRAPHIQUES, DE TABLES GÉNÉALOGIQUES ET
CHRONOLOGIQUES;

Par M. KOCH,

ANCIEN TRIBUN, CHEVALIER DE LA LÉGION D'HONNEUR,
CORRESPONDANT DE L'INSTITUT, ET RECTEUR HONORAIRE
DE L'ACADÉMIE ROYALE DE STRASBOURG.

NOUVELLE ÉDITION CORRIGÉE ET AUGMENTÉE.

TOME QUATRIÈME,

RENFERMANT LES TABLES GÉNÉALOGIQUES.

PARIS,
GIDE FILS, LIBRAIRE, RUE ST.-MARC, N.º 20.
1814.

TABLES GÉNÉALOGIQUES

DES

MAISONS SOUVERAINES

DE L'EUROPE.

AVERTISSEMENT

SUR L'USAGE DE CES TABLES.

On a donné à ces tables la forme qui a été adoptée par les auteurs des grands ouvrages généalogiques cités dans l'introduction. Les enfans d'un même père sont placés sur une même ligne et réunis par une accolade dont le milieu est placé immédiatement au-dessous de leur père commun. Moyennant cet arrangement les cousins germains se retrouvent sur une même ligne, les cousins issus de germains de même; en un mot, tous les descendans d'une même souche se trouvent sur une même ligne, et il suffit de jeter un coup d'œil sur un tableau pour voir le degré de parenté auquel chaque parent se trouve envers les autres membres de la famille. Cependant le cadre auquel on a été obligé de se borner, n'a pas toujours permis de suivre exactement cet arrangement. Quelquefois, mais très-rarement, les cousins germains nombreux pour tenir sur une seule ligne, ont été placés différemment; on en trouvera un exemple à la table XIX. L'empereur d'Autriche actuellement régnant et ses dix frères et sœurs devroient être placés sur une même ligne avec leurs cousins germains, les enfans de l'archiduc Ferdinand, ancien gouverneur de la Lombardie ; ce qu'on n'a pu faire, parce que la largeur du tableau n'auroit pas contenu dix-huit noms. Sur la même table, les archiducs et archiduchesses, enfans de l'empereur d'Autriche, devroient être sur une même ligne avec leurs cousins germains, les enfans du grand-duc de Wurzbourg.

Les chiffres arabes placés avant certains mots, marquent la suite des souverains. Un même chiffre indique ceux qui ont régné à la fois.

Les chiffres qui suivent la lettre E (Epouse), indiquent que le même prince a été marié plusieurs fois ; ceux qui sont placés au-dessous d'un prince qui a eu plusieurs femmes, indiquent la mère de celui au-dessus duquel ils sont placés.

C'est ainsi qu'à la table XIX, le chiffre 2 placé au-dessus des enfans de l'empereur d'Autriche qui est marié en troisièmes noces, indique que tous ces princes sont nés de son second mariage avec la princesse de Sicile. A la table XLVI, les chiffres 1, 2 et 3 indiquent que Marie, reine d'Angleterre, étoit fille de Henri VIII et de Catherine d'Aragon ; que la reine Elisabeth étoit fille d'Anne de Boulen, et qu'Edouard VI devoit le jour à Jeanne Seymour.

Le crochet ⌢ ou ⌣ placé entre un prince et une princesse, qui étoient parens, indique leur mariage; on en trouve des exemples à la table XXXV, où un crochet indique que la reine Jeanne de Naples a épousé André, prince d'Hongrie, qui étoit son cousin issu de germain. Un autre crochet fait voir que Charles III, roi de Naples, avoit pour époux Marguerite, sa cousine germaine. A la table XL, un crochet indique le mariage de l'empereur Léopold I avec sa cousine, la fille de Philippe IV, roi d'Espagne, mariage d'où est sorti l'empereur Charles VI, prétendant au trône d'Espagne. La table XLVII indique ainsi le mariage de Guillaume III, prince d'Orange, avec la fille de Jacques II, roi d'Angleterre.

ABRÉVIATIONS EMPLOYÉES DANS LES TABLES GÉNÉALOGIQUES.

Arch. *archevêque, archiduc.*
assass. *assassiné.*
autrich. *autrichien, autrichienne.*
bat. *bataille.*
can. *canonisé.*
card. *cardinal.*
conc. *concubine.*
conf. *confédération.*
cour. *couronne, couronné.*
décap. *décapité.*
décl. *déclaré.*
dép. *déposé.*
él. élect. *électorat.*
emp. *empoisonné.*
esp. *espagnol.*
expect. *expectation.*
f. *fils, fille.*
fond. *fondateur.*
gouv. *gouverneur, gouvernement.*
héréd. *héréditaire.*
hérit. *héritier, héritière.*
m. *marié, mariée.*
† *mort, morte.*
n. *né, née.*
nat. *naturel, naturelle.*
prét. *prétendant.*
pris. *prisonnier.*
procl. *proclamé.*
répud. *répudiée.*
sép. *séparée.*
tab. *table.*
testam. *testamentaire.*
tit. *titulaire.*
v. st. *vieux style.*
v. *voyez.*
adm. *administrateur.*
Allem. *Allemagne.*
Angl. *Angleterre.*
Arag. *Aragon.*
Archid. *archiduc, archiduchesse.*
Bourg. *Bourgogne.*
C. *comte, comtesse, comté.*
Cast. *Castille.*
Catal. *Catalogne.*
D. *duc, duchesse, duché.*
Dan. *Danemark.*
E. *époux, épouse.*
El. *électeur.*
Emp. *empereur.*
Esp. *Espagne.*
Ev. *Evêque.*
Fr. *France.*
Franç. *François.*
Gouv. *Gouverneur.*
Gr. D. *Grand-Duc, Grande-Duchesse.*
Imp. *Impératrice.*
Landgr. *Landgrave.*
Lorr. *Lorraine.*
M. du palais. *Maire du palais.*
Marg. *Marggrave.*
Marq. *Marquis.*
N. *dont le nom n'est pas connu.*
Nav. *Navarre.*
Palat. *Palatin, Palatinat.*
Port. *Portugal.*
Pr. *Prince, Princesse.*
Prov. *Provence.*
R. *Roi, Reine, Royaume.*
Rég. *Régent, Régente, Régence.*
S. *Seigneur, Sire, Saint.*
Teut. *Teutonique.*
Wurt. *Wurtemberg.*

TABLES I ET II.

ROIS DES VANDALES EN ESPAGNE ET EN AFRIQUE.

ROIS DES SUEVES EN ESPAGNE.

TABLE I.
ROIS DES VANDALES EN ESPAGNE ET EN AFRIQUE.

1. Godégisile, chef de l'expédition des Vandales, des Suèves et des Alains dans la Gaule 406. †.....

2. Gondéric ou Guntharic, R. des Vandales, passe avec son peuple en Espagne 409. s'établit dans la Bétique. † vers 427.

3. Geiseric ou Genseric, R. vers 427, mène les Vandales dans l'Afrique septentrionale, dont il dépouille les Romains; il y fonde un nouveau royaume vers 439. prend et pille Rome 455. † 477.

Genzo, † avant le père.

4. Huneric, R. 477. † 484. E. *Eudoxie*, f. de l'Emp. Valentinien III.

5. Gundamond, R. 484. † 496.

6. Thrasamond, R. 496. † 523. E. *Amalfride*, sœur de Théodoric, R. des Ostrogoths.

Gelaris.

7. Childéric ou Hildéric, R. 523. détrôné par son successeur 530.

Théodohat, R. des Ostrogoths.

8. Gilimer, dernier R. des Vandales 530. vaincu et fait prisonnier par Bélisaire, général de l'Empereur Justinien, 534.

TABLE II.
ROIS DES SUÈVES EN ESPAGNE.

1. Hermanaric, R. conduit les Suèves en Espagne, et fonde un royaume dans la Galice 409. abdique en faveur de son fils 438. † 441.

2. Richila, R. 438. s'étend dans la Lusitanie. † 448.

3. Rechiaire, R. 448. défait et tué par Théodoric II. R. des Visigoths, 456.

* * *   * * *

4. Masdran, élu R. par une partie des Suèves 457. tué 459.

4. Fratan, élu R. par une partie des Suèves 457. † cette même année.

5. Rémismond, R. 459. embrasse l'arianisme. † vers 468. (a)
(a) On ne connoît point les Rois Suèves qui ont régné entre Rémismond et Cariaric.

5. Framarius, R. opposé à Rémismond 460. † 463.

* * *

1. Cariaric, R. des Suèves vers 550. embrasse la foi catholique 551. †....

2. Mir, Ariamir ou Théodomir I. R. vers 559. † 570.

3. Mir, Ariamir ou Théodomir II. R. 570. † 583.

4. Euric ou Eboric, R. 583. détrôné par *Andeca*.

* * *

5. Andeca, vaincu et dépouillé par Léovigilde, R. des Visigoths 584. † 585.

TABLE III.

ROIS VISIGOTHS EN ESPAGNE ET DANS LA GAULE.

TABLE III.
ROIS VISIGOTHS EN ESPAGNE ET DANS LA GAULE.

1. ATAULFE, R. des Visigoths, prend Barcelonne 415. assassiné 416.   2. SIGERIC, R. 415, tué après sept jours de règne.   3. WALLIA, R. 415. fixe son siége à Toulouse 419. † 419.   4. THÉODORIC I. ou THÉODORET, élu R. 419. tué à la bataille contre Attila 451.

5. THORISMOND, R. 451. assassiné 453.   6. THÉODORIC II. élu R. 453. tué par son frère Euric 466.   7. EURIC, R. 466. met fin à la domination des Romains en Espagne 472. † 484.

8. ALARIC, R. 484. défait et tué par Clovis 507 ; les Visigoths dépouillés de la plus grande partie de leurs possessions dans la Gaule. 1. Conc. N..... 2. E. *Theudigoth*, f. nat. de Théodoric, R. des Ostrogoths.

9. GESALIC, proclamé R. en 507. chassé en Afrique, en 509, par le général de Théodoric, R. des Ostrogoths. tué 511.   11. AMALARIC, R. des Visigoths, en 511, sous la tutèle de Théodoric, son grand-père maternel, règne par lui-même depuis 526. tué 531.

* * *

10. THÉODORIC III. R. des Ostrogoths, règne aussi sur les Visigoths depuis 511. † 526.   12. THEUDIS, R. 531. transfère son siége en Espagne ; est assassiné 548.   13. THÉODISÈLE ou THÉODIGILE, R. 548. assassiné 549.   14. AGILA, R. 549. assassiné en 554.

* * *   * * *   * * *

15. ATANAGILDE, opposé à *Agila* 552. fixe sa cour à Tolède 555. † 567.   16. LIUVA I. R. 567. † 572.   17. LÉOVIGILDE, associé au trône par Liuva I. 568. règne seul depuis 572. détruit le royaume des Suèves 584. † 586.

17. ST. HERMENIGILDE, associé au trône par son père ; soulevé contre son père et tué 585.   18. RÉCARÈDE I. R. 586. embrasse la foi catholique 589. † 601.

20. WITTERIC, R. 603. assassiné 610.   21. GONDEMAR, R. 610. † 612.   22. SISEBUT, R. 612. † 621.   19. LIUVA II. R. 601. détrôné et tué par Witteric 603.

23. RÉCARÈDE II. R. 621. † trois mois après son élection.

24. SUINTHILA, R. 621. détrôné par Sisénand 631. † 635.   25. SISÉNAND, R. 631. † 636.

24. RICIMER, associé au trône par son père 625. détrôné 631.

* * *   * * *   * * *   * * *

26. CHINTILA, R. 636. † 640.   28. CHINDASUINTHE, R. 642. † 652.   30. WAMBA, R. 672. abdique 680. † 688.   31. ERVIGE, élu R. 680. † 687.

27. TULGA, R. 640. détrôné par Chindasuinthe 642.   29. RÉCESUINTHE, associé au trône par son père 649. règne seul 652. † 672.   *Cixilane*, fille d'Ervige, E. 32. EGIZA, R. 687. † 700.

33. WITIZA, associé à la cour, par son père 696. règne seul 700. est détrôné par Rodéric, vers 710. † 710.

34. RODÉRIC, élu R. contre Witiza 710. défait, à la bataille de Xerès, par les Arabes 711.

TABLES IV ET V.

ROIS DES OSTROGOTHS ET DES LOMBARDS
EN ITALIE.

TABLE IV.
ROIS DES OSTROGOTHS EN ITALIE.

Théodemir, R. des Ostrogoths dans la Thrace, † vers 475.

1. Théodoric, R. 475. mène les Ostrogoths en Italie 48.. défait Odoacre, R. des Hérules, et fonde un nouveau royaume en Italie 493. † 526. E. *Audoflède*, sœur de Clovis, R. des Francs. *Amalfride*, E. Thrasamond, R. des Vandales.

Amalasuintha, E. *Eutharic Cillica* 515. 3. Théodohat, R. 534. perd la Sicile contre les Grecs 535. tué 536.

2. Athalaric, R. 526. † 534. 4. Vitigès, élu R. 536. assiégé à Ravenne et fait prisonnier par Bélisaire, général de l'Empereur Justinien, 540. † vers 543.

5. Ildebade ou Théodebalde, élu R. 540. tué 541. 6. Éraric, élu R. 541. tué 541. 7. Totilas, élu R. 541. remporte plusieurs avantages sur les Grecs; défait par Narsès, meurt de sa blessure 552.

8. Téjas, dernier R. des Ostrogoths, élu 552. tué à la bataille de Cumes 553, à la suite d'une guerre aussi longue que meurtrière.

TABLE V.
ROIS DES LOMBARDS EN ITALIE.

1. Alboin, R. des Lombards dans la Pannonie, envahit l'Italie 568. prend Pavie, et y fixe le siége de son nouveau royaume 572. † 573.

2. Cleph ou Clephon, élu R. à Pavie 573. assassiné 575. 4. Agilulphe, élu R. 591. quitte l'arianisme 602. † 615. E. *Théodelinde*, veuve du R. Autharis.

3. Autharis, élu R. après un long interrègne 584. † 590. E. *Théodelinde*, f. de Garibold, D. des Bavarois. 5. Adoald, R. 615. † 626. *Gondeberge*, E. 1. *Ariold*, R. 2. *Rotharis*, R.

6. Ariold, R. 626. E. *Gondeberge*, sœur du R. Adoald. 7. Rotharis, R. 636. promulgue les lois des Lombards 647. † 652. E. *Gondeberge*, veuve du roi Ariold. 11. Grimoald, D. de Benevent, proclamé R. des Lombards 662. † 671.

9. Aribert I. f. de Gundobald, petit-fils de Garibold, D. des Bavarois, et neveu de la reine Théodelinde, élu R. 653. † 661. 8. Rodoald, R. 652. tué 653. 12. Garibald, proclamé R. 671. déposé 671.

10. Pertharith, partage le royaume avec son frère 661. chassé par Grimoald, D. de Benevent 662. rétabli 671. † 686. 10. Gondebert, R. avec son frère 661. tué par Grimoald, D. de Benevent 662. 17. Ansbrand, élu R. après Aribert II. 712. † cette même année.

13. Cunibert, associé au trône par son père 678. R. 686. † 700. 15. Ragimbert, s'érige en R. contre Luitpert 701. † cette même année. 18. Luitprand, élu R. 712. menace Rome 740. promulgue de nouvelles lois. † 744. *Sigibrand*.

14. Luitpert, R. 700. dépouillé par Ragimbert 701. 16. Aribert II. R. 701. † 712. 19. Hildebrand, associé au trône par son oncle 736. règne seul 744. déposé 744.

20. Ratchis, D. de Frioul, élu R. 744. abdique 749. 21. Aistolphe, frère de Ratchis, lui succède 749. s'empare de l'exarchat 752. en est dépouillé par Pepin-le-Bref 756. † 756. 22. Didier, dernier R. des Lombards, élu 756. vaincu et fait prisonnier par Charlemagne 774.

Adalgise, associé au trône par son père 767. tué 788.

TABLES VI, VII ET VIII.

ROIS DES BOURGUIGNONS DANS LA GAULE.

ROIS DE LA BOURGOGNE CISJURANE.

ROIS DE LA BOURGOGNE TRANSJURANE ET DES DEUX BOURGOGNES.

TABLE VI.
ROIS DES BOURGUIGNONS DANS LA GAULE.

1. Gondicaire conduit les Bourguignons dans la Gaule 413. est défait par Aetius, général romain 435. fonde le premier royaume de Bourgogne 456. † vers 463.

2. Chilpéric, R. vers 463. tué vers 491. — 2. Godomar I. R. tué.... — 2. Gondebaud, R. à Lyon, déclaré *Patrice* par Olybrius 472. réunit tout le royaume, après avoir tué son frère Godegisèle vers 500. † 516. — 2. Godegisèle, R. à Genève. tué vers 500.

Clotilde, E. Clovis, R. des Francs. — 3. Sigismond, R. 516. défait et pris par les fils de Clovis 523. tué 524. — 4. Godomar II. R. 523. dépouillé par les fils de Clovis 534. †...

TABLE VII.
ROIS DE LA BOURGOGNE CISJURANE.

Boson s'érige en R. de Bourgogne, et se fait sacrer à Lyon 879. † 887. E. *Irmengarde*, f. de l'Emp. Louis II.

Louis, R. de Bourgogne 887. R. d'Italie 899. Emp. cour. à Rome 901. chassé par Béranger I. qui lui crève les yeux 902. † vers 925.

Charles *Constantin*, D. de Vienne 931. † après 941, sans enfans.

* * *

Thibaud, C.te E. *Berthe*, f. du R. Lothaire II.

Hugues, C. de Vienne et de Provence, qualifié aussi D. et Marq. créé R. d'Italie 926. cède le royaume de Bourgogne à Rodolphe II. R. de la Bourgogne transjurane vers 930. † 947.

TABLE VIII.
ROIS DE LA BOURGOGNE TRANSJURANE ET DES DEUX BOURGOGNES.

Rodolphe I. issu de l'ancienne maison des Guelphes, s'érige en R. de la Bourgogne transjurane 888. † 911.

Rodolphe II. R. de la Bourgogne transjurane 911. R. d'Italie 920 ou 922. réunit les deux Bourgognes vers 930. † 937.

Conrad, dit le Pacifique, R. des deux Bourgognes. 937. † 993. E. *Mathilde*, f. de Louis-d'Outremer, R. de France. — *Adélaïde*, † 999. E. 1. *Lothaire*, R. d'Italie, † 950. 2. *Otton I*. R. d'Allemagne 951.

Gisèle, † 1007. E. Henri, D. de Bavière, † 995. — Rodolphe III. dit le Fainéant, R. des deux Bourgognes 993. † le 6 sept. 1032, sans enfans. — *Berthe*, E. Eudes, C. de Blois. — *Gerberge*, E. Herman, D. de Suabe.

Henri II. dit *le Saint*, D. de Bavière 995. R. d'Allem. 1002. déclaré héritier présomptif du royaume de Bourgogne 1016. † 1024. — Eudes, C. de Champagne, prét. au royaume de Bourgogne 1032. tué dans une action 1037. — *Gisèle*, E. 1. *Brunon* de Brunswick. 2. *Ernest*, D. de Suabe. 3. Conrad II. Emp. d'Allem. successeur au royaume de Bourgogne 1032. † 1039.

TABLE IX.

ROIS DES FRANCS MEROVINGIENS.

TABLE IX
ROIS DES FRANCS MÉROVINGIENS.

1. CLODION, R. des Francs Saliens, envahit la Gaule vers 430. † 451.

2. MÉROVÉE, R. 451. † 457.

3. CHILDERIC I. R. 457. † 481. E. *Basina* de Thuringe.

4. CLOVIS I. dit LE GRAND, conquérant des Gaules, R. 481. reçoit le baptême 496. † 511. E. 1. non connue. 2. S.te Clotilde, f. de Chilperic, R. des Bourguignons 493. † vers 545.

5. THIERRY I. ou THÉODORIC, R. d'Austrasie, siégeant à Metz 511. † 534.	5. CLODOMIR, R. d'Orléans 511. tué dans une bataille 524.	5. CHILDEBERT I. R. de Paris 511. † 558.	5. CLOTAIRE I. R. de Soissons 511. réunit l'Austrasie 555, et toute la monarchie 558. † 561.	Clotilde, E. *Amalaric*, R. des Visigoths.
5. THÉODEBERT I. R. d'Austrasie 534. † 548.	6. CHARIBERT I. R. de Paris 561. † 557.	6. GONTRAN, R. d'Orléans et de Bourgogne 561. † 593.	5. SIGEBERT I. R. d'Austrasie 561, tué 575. E. *Brunehaut*, f. d'*Athanagilde*, R. des Visigoths 568. tuée 613.	6. CHILPERIC I. R. de Soissons 561, tué 584. E. *Frédégonde*, † 598.
5. THIBAUD ou THÉODOBALDE, R. d'Austrasie 548. † 555.		6. CHILDEBERT II. R. d'Austrasie et d'Orléans 593. † 596.		6. CLOTAIRE II. n. 584. R. de Soissons 584, réunit toute la monarchie 613. † 628.
6. THÉODEBERT II. R. d'Austrasie 596. tué 612.		6. THIERRY II. R. d'Orléans et de Bourgogne 596. d'Austrasie 612. † 613.	7. DAGOBERT I. R. de toute la monarchie, à l'exception de l'Aquitaine 628. réunit l'Aquitaine 631. † 638.	7. Charibert II. R. d'Aquitaine 628. † 631.
8. SIGEBERT II. R. d'Austrasie 638. † 656.	8. CLOVIS II. R. de Neustrie et de Bourgogne 638, réunit toute la monarchie 656. † 656.			
11. DAGOBERT II. transporté en Irlande par Grimoald, M. du palais 656. R. d'une partie de l'Austrasie, nommément de l'Alsace 674. tué 679.	9. CLOTAIRE III. R. de toute la monarchie 656. † 670.	10. CHILDERIC II. R. d'Austrasie 660, de toute la monarchie 670. tué 673.	11. THIERRY III. successeur de Childéric II son frère en 673. R. de toute la monarchie 679, vaincu et dépouillé par *Pepin d'Héristel* 687. † 691.	
	15. CHILPERIC II. successeur de Dagobert III en 715. vaincu par *Charles Martel* 716-718. † 720.	12. CLOVIS III R. de toute la monarchie 691. † 695.	13. CHILDEBERT III. R. de toute la monarchie 695. † 711.	15. CLOTAIRE IV. opposé à Chilpéric II. dans le royaume d'Austrasie par Charles Martel 717. † 719.
17. CHILDERIC III. successeur de Tierry IV ou 742. détrôné par Pepin-le-Bref, et enfermé dans un monastère 752.		14. DAGOBERT III. R. de toute la monarchie 711. † 715.		
	16. THIERRY IV. DE CHELLES, successeur de Chilperic II. 720. † 737.			

TABLES X ET XI

MAIRES DU PALAIS, DUCS ET PRINCES
des Francs Mérovingiens.

EMPEREURS ET ROIS D'ITALIE
des Francs Carlovingiens.

TABLE X.

MAIRES DU PALAIS, DUCS ET PRINCES DES FRANCS, SOUS LES DERNIERS ROIS MÉROVINGIENS.

S. *Arnoul*, Évêque de Metz, Maire du palais sous Dagobert I. † 640.

Anschise, Maire du palais sous Sigebert II. tué en 674.

PEPIN D'HERISTEL s'érige en Maire du palais d'Austrasie 687, devient maître de la monarchie par la victoire de Testry 687. prend le titre de *Duc et Prince des Francs*, † 714. E. 1. *Plectrude*, répudiée vers 688. 2. *Alpaïde*.

Grimoald, Maire du palais de Neustrie, assassiné 714.

CHARLES MARTEL s'érige en D. d'Austrasie, en Maire du palais et maître de la monarchie 715 — 718, † 741.

Theudoald, Maire du palais sous la tutele de sa grand'mère Plectrude 714 dépouillé 715.

CARLOMAN, D. et Pr. des Francs, obtient l'Austrasie 741. se retire au Mont-Cassin 746. † 755.

PEPIN LE BREF, D. et Pr. des Francs, obtient la Neustrie 741. réunit toute la monarchie 746. prend la dignité royale 752. † 768.

CHARLEMAGNE, n. 742. R. de Neustrie 768. réunit toute la monarchie 771. R. des Francs et des Lombards 774. cour. Emp. à Rome 800. † 814. *Voyez Tab. XI.*

CARLOMAN, n. 751. R. d'Austrasie 768. † 771.

Pepin et un autre fils, dont on ignore le sort.

TABLE XI.

EMPEREURS ET ROIS D'ITALIE DES FRANCS CARLOVINGIENS.

1. CHARLEMAGNE ou *Charles I*, f. de *Pepin le Bref*, (Tab. X.) R. des Francs et des Lombards 768. 774. cour. Emp. à Rome 800. † 814.

2. PEPIN, R. d'Italie 781. † 810.

4. LOUIS I. dit LE DÉBONNAIRE, associé à l'Empire 813. † 840.

3. BERNARD, R. d'Italie 810 † 818.

Adélaïde, selon quelques-uns, E. *Lambert*.

5. LOTHAIRE I. associé à l'empire 817. † 855.

Louis dit le Germanique, R. d'Allem. 843. † 876.

7. CHARLES II. dit LE CHAUVE, R. de France 843. Emp. et R. d'Italie 875. 876. † 877. *(Voyez Tab. XX.)*

Gisèle, E. *Everhard* C. 867.

10. GUY, D. de Spolette, R. d'Italie 888. Emp. 891. † 894.

6. LOUIS II. Lothaire associé à l'empire 850. † 875.

Lothaire II. R. de Lorraine. 855. † 869.

Charles, R. de Provence. † 863.

8. CARLOMAN, R. de Bavière 876. d'Italie 877. † 880.

Louis II. dit le Jeune, R. de Saxe, † 882.

9. CHARLES III. dit LE GROS, Emp. et R. d'Italie 880. † 888.

14. BÉRENGER I. D. de Frioul, R. d'Italie, 888. Emp. 916. † 924.

11. LAMBERT, Emp. et R. d'Italie 891. † 898.

Irmengarde, E. *Boson*, R. de la Bourg. Cis-jurane † 887.

Berthe, E. *Thibaud*, C.

12. ARNOUL, R. d'Allemagne 887. Emp. et R. d'Italie 896. † 899.

Gisèle, E. *Adelbert* Marg. d'Ivrée.

13. LOUIS, R. de la Bourg. Cis- jurane 887. Emp. 901. chassé 902. † vers 923.

16. HUGUES, C. de Provence, R. d'Italie 926. † 947.

15. RODOLPHE, R. de Bourg. élu R. d'Italie contre Bérenger I. 921. chassé 926. † 937.

18. BÉRENGER II. R. d'Italie 950. détroné par Otton-le-Grand, † 966.

17. LOTHAIRE, associé au royaume d'Italie 931. † 60. E. *Adélaïde*, f. du R. Rodolphe.

Adélaïde, E. 1.° *Lothaire*, R. d'Italie 950. 2.° *Otton-le-Grand*, R. d'Allem. 951.

19. ADELBERT, R. d'Italie conjointement avec son père.

TABLES XII, XIII, XIV ET XV.

ROIS D'ALLEMAGNE ET DE LORRAINE,
DE LA MAISON CARLOVINGIENNE.

EMPEREURS ET ROIS
DES MAISONS DE SAXE, SALIQUE ET DE HOHENSTAUFEN.

TABLE XII.
ROIS D'ALLEMAGNE ET DE LORRAINE, DE LA MAISON CARLOVINGIENNE.

1. Louis I, dit le Germanique, f. puiné de *Louis-le-Débonnaire* (Tab. XI.) premier R. d'Allem. par la paix de Verdun 843. † 876.

2. Carloman, R. de Bavière 876. †880. | 3. Louis II, dit Le Jeune, R. de Saxe 876, de Lorraine 879. † 882. | 4. Charles III. (I.) dit le Gros, R. de Suabe 876, R. d'Italie et Emp. 880, R. de toute l'Allem. et de Lorraine 882, déposé 887. † 888.

5. Arnoul, f. nat. élu R. d'Allem. et de Lorraine 887. †899.

6. Louis IV, dit l'Enfant, élu R. d'Allem. 900. R. de Lorraine 900. † 911. | Zuentibold, f. nat. R. de Lorraine 895. † 900. | 7. Conrad I. élu R. d'Allem. 911. † 918.

TABLE XIII.
EMPEREURS ET ROIS D'ALLEMAGNE, DE LORRAINE, D'ITALIE, DE LA MAISON DE SAXE.

8. Henri I, dit l'Oiseleur, élu R. d'Allem. 919. réunit le royaume de Lorraine 925. † 936.

9. Otton I, dit Le Grand, élu R. d'Allem. et de Lorr. 936, R. d'Italie cour. à Milan 961, cour. Emp. à Rome 962. † 973. | Henri, D. de Bavière, † 955.

10. Otton II. Emp. et R. 973. † 983. | Henri dit le Querelleur, D. de Bavière, † 995.

11. Otton III. élu R. d'Allem. de Lorr. et d'Italie 983. cour. Emp. à Rome 996. † 1002. | 12. Henri II, dit Le Saint, élu et cour. R. d'Allem. et de Lorr. 1002, cour. R. d'Italie 1004, et Emp. à Rome 1014. † 1024.

TABLE XIV.
EMPEREURS ET ROIS D'ALLEMAGNE, DE LORRAINE, DE BOURGOGNE, D'ITALIE, DE LA MAISON SALIQUE.

13. Conrad II, dit Le Salique, élu R. d'Allemagne, de Lorraine et d'Italie 1024. réunit le royaume de Bourgogne ou d'Arles 1032. couronné Emp. à Rome 1027. † 1039.

14. Henri III. R. 1039. cour. Empereur à Rome 1046. † 1056.

15. Henri IV. R. 1056. cour. Emp. à Rome 1084. † 1106. | 17. Lothaire, dit Le Saxon, élu R. d'Allem. etc. 1125. cour. Emp. à Rome 1133. † 1137.

16. Henri V. R. 1106. cour. Emp. à Rome 1111. † 1125. | Agnès † 1143. E. Frédéric D. de Suabe 1080.

TABLE XV.
EMPEREURS ET ROIS DE LA MAISON DE HOHENSTAUFEN.

Frédéric de Hohenstaufen, D. de Suabe et de Franconie † 1105 E. *Agnès*, f. de l'Emp. Henri IV. 1080.

Frédéric, dit *le Louche*, D. de Suabe, † 1147. | 18. Conrad III. élu et cour. R. d'Allem. 1138. † 1152.

19. Frédéric I. dit Barberousse, élu R. 1152. cour. R. d'Italie à Pavie et Emp. à Rome 1155. † 1190.

20. Henri V. élu et cour. en Allem. 1169. R. 1190. cour. à Milan 1186. Emp. à Rome 1191. † 1197. | 21. Philippe, élu R. 1198. † 1208.

23. Frédéric II. élu en Allem. 1212. cour. Emp. à Rome 1220. † 1250. | 22. Otton IV. f. de Henri dit *le Lion*, D. de Saxe, élu R. 1198. cour. R. d'Italie et Emp. 1209. † 1218.

24. Conrad IV. R. 1250. † 1254.

TABLES XVI, XVII ET XVIII.

EMPEREURS ET ROIS
DE DIFFÉRENTES MAISONS, DES MAISONS DE LUXEMBOURG
ET DE HABSBOURG-AUTRICHE.

TABLE XVI.
EMPEREURS ET ROIS DE DIFFÉRENTES MAISONS.

25. Guillaume, f. de *Florent IV.* C. de Hollande, élu R. 1247. † 1256.

26. Richard, f. de *Jean-Sans-Terre*, R. d'Angleterre, élu R. 1257. † 1272.

27. Rodolphe I. de Habsbourg, élu R. 1273. † 1291.

28. Adolphe, f. de *Walram*, C. de Nassau, élu R. 1292. † 1298.

29. Albert I. d'Autriche, élu R. 1298, assassiné 1308.

TABLE XVII.
EMPEREURS ET ROIS DE LA MAISON DE LUXEMBOURG.

30. Henri VII, f. de *Henri*, C. de Luxembourg, élu R. 1308. cour. R. d'Italie à Milan 1311. Emp. à Rome 1312. † 1313.

31. Louis IV. de Bavière, élu R. 1314. couronné R. d'Italie à Milan 1327. Emp. à Rome 1328. † 1347.

Jean l'Aveugle, R. de Bohême et C. de Luxembourg, † 1346.

32. Charles IV.(II.) élu R. 1346. cour. R. d'Italie à Milan et Emp. à Rome 1355. † 1378.

Jean Henri, Marg. de Moravie, † 1375.

34. Robert, f. de *Robert II.* El. Palatin, élu R. 1400. † 1410.

33. Wenceslas, R. 1378. déposé 1400. † 1419.

36. Sigismond, élu R. 1411. cour. R. d'Italie à Milan 1431. Emp. à Rome 1433. † 1437.

35. Josse ou Jodocus, élu R. 1410. † 1411.

TABLE XVIII.
EMPEREURS ET ROIS DE LA MAISON DE HABSBOURG-AUTRICHE.

Albert II. D. d'Autriche, petit-fils de l'Emp. Rodolphe de Habsbourg, † 1358.

Léopold III. D. d'Autriche, tué à Sempach, 1386.

Albert III. D. d'Autriche, † 1395.

Ernest dit *de Fer*, D. d'Autriche, † 1424.

Albert IV. D. d'Autriche, † 1404.

38. Frédéric III. élu R. 1440. cour. R. d'Italie et Emp. à Rome 1452. † 1493.

37. Albert II. élu R. 1438. † 1439.

39. Maximilien I. élu R. des Romains 1486. succède à son père 1493. prend le titre d'*Emp. élu* 1508. † 1519.

Philippe d'Autriche, R. de Castille 1505. † 1506.

40. Charles-Quint (III.) R. d'Espagne 1516. élu R. des Romains 1519. cour. à Bologne R. d'Italie et Emp. 1531. abdique l'empire et † 1558.

41. Ferdinand I. R. de Hongrie et de Bohême 1527. élu R. des Romains 1531. Emp. élu 1558. † 1564.

42. Maximilien II. élu R. des Romains 1562. Emp. élu 1564. † 1576.

Charles, Archid. d'Autriche à Grætz, † 1590.

43. Rodolphe II. élu R. des Romains 1575. Emp. élu 1576. † 1612.

44. Mathias, *Emp. élu.* 1612. † 1619.

45. Ferdinand II. *Emp. élu* 1619. † 1637.

46. Ferdinand III. élu R. des Romains 1636. Emp. élu 1637. † 1657.

51. Charles VII (V.) Él. de Bavière, *Emp. élu* 1742. † 1745.

47. Ferdinand IV. élu R. des Romains 1653. † 1654.

48. Léopold I. Emp. élu 1658. † 1705.

49. Joseph I. élu R. des Romains 1690. Emp. élu. 1705. † 1711.

50. Charles VI (IV.) *Emp. élu* 1711. † 1740.

Maximilien-Joseph, Électeur de Bavière, † 1777.

Marie-Thérèse, R. de Hongrie et de Bohême 1740. Imp. 1745. † 1780. E. *François de Lorraine*, Gr. D. de Toscane.
(*Voy.* Tab. XIX.)

TABLE XIX.

EMPEREURS DE LA MAISON DE LORRAINE-AUTRICHE.

TABLE XIX.

MAISON IMPÉRIALE DE LORRAINE-AUTRICHE.

52. FRANÇOIS I. n. 1708. f. de *Léopold*, D. de Lorraine, devient Grand-Duc de Toscane 1737. *Empereur élu* 1745. † 1765. E. *Marie-Thérèse*, fille et héritière de l'Empereur Charles VI. 1756. † 1780.

53. JOSEPH II. n. 1741. élu R. des Romains 1764. Emp. élu 1765. † 1790.	*Marie-Christine*, n. 1742. † 1798. E. *Albert*, D. de Saxe-Teschen, 1766.	*Marie-Amélie*, n. 1746. † 1804. E. *Ferdinand*, D. de Parme, 1769.	54. LÉOPOLD II. né 1747. Gr.-D. de Toscane 1765. Emp. élu 1790. † 1792. E. *Marie-Louise*, fille de Charles III. Roi d'Espagne, 1765. † 1792.	*Marie-Caroline*, n. 1752. E. *Ferdinand IV*. Roi de Sicile, 1768.	*Ferdinand*, né 1754, Gouv. de la Lombardie autrichien. jusqu'en 1796, D. de Modène-Brisgau, 1803. † 1806. E. *Marie-Béatrix*, f. et héritière de Hercule-Renaud, dernier D. de Modène, 1771.	*Marie-Antoinette*, n. 1755. † 1793. E. *Louis*, Dauph. de France, 1770.	*Maximilien*, né 1756. Elect. de Cologne et Évê. de Munster, 1784. † 1801.

Marie-Thérèse, n. 1773. E. *Victor-Emanuel*, R. de Sardaigne, 1789.	*Marie-Léopoldine*, n. 1776. E. *Charles-Théodore*, El. de Bavaro-Palat. 1795.	*François-Charles*, n. 1779.	*Ferdinand*, né 1781.	*Joseph-Antoine*, né 1782.	*Maximilien*, né 1785.	*Marie-Louise-Béatrix*, née 1787. E. *François II*, (1.) Emp. 1808.

55. FRANÇOIS II. (1.) né 1768. Emp. élu 1792. Emp. hérédit. d'Autriche, 1804. Se démet de la dignité d'Emp. Romain, 1806. E. 1. *Elisabeth-Wilhelmine-Louise*, Pr. de Wurtemb., 1788. † 1790. 2. *Marie-Thérèse*, fille de Ferdinand IV, Roi de Sicile, 1790. † 1807. 3. *Marie-Louise-Béatrix*, fille de l'Archiduc Ferdinand, 1808.	*Marie-Thérèse*, née 1767. E. *Antoine*, Prince de Saxe 1787.	*Ferdinand*, n. 1769. Gr. D. de Toscane, 1791. El. de Salzbourg 1805. Gr.-D. de Wurtzbourg 1806. E. *Louise-Amélie*, Pr. de Sicile. † 1802.	*Marie-Anne*, générallissime des armées autrich. n. 1771.	*Charles*, Palatin de Hongrie, n. 1776. E. *Alexandrine Pawlowna* † 1801.	*Joseph*, né 1779.	*Antoine*, né 1781.	*Jean*, né 1783.	*Reinier*, né 1784.	*Louis*, né 1788.	*Rodolphe*, né 1788.

Léopold, Grand-Duc héréditaire, n. 1797.	*Marie-Louise*, née 1798.	*Thérèse*, née 1801.

2.	2.	2.	2.	2.	2.	2.	2.
Marie-Louise, née 1791. E. *Napoléon*, Empereur des Franç., 1810.	*Ferdinand-Charles*, Pr. impérial, 1793.	*Léopoldine-Caroline-Joseph*, née 1793.	*Marie-Clémentine-Françoise*, née 1798.	*Joseph-François-Léopold*, né 1799.	*Caroline-Ferdinande-Joseph-Démétrie*, née 1801.	*François-Charles-Joseph*, né 1802.	*Marie-Anne-Françoise*, n. 1804.	*Jean-Népomucène-Charles-François-Joseph*, né 1805.

TABLES XX ET XXI.

ROIS DE FRANCE DE LA MAISON
CARLOVINGIENNE.

TABLE XX.
ROIS DE FRANCE DE LA MAISON CARLOVINGIENNE.

1. CHARLES I. dit LE CHAUVE, fils cadet de *Louis le Débonnaire*, (*v. Tab. XI.*) premier R. de France par la paix de Verdun en. 843. † 877.

2. LOUIS II. (I.) dit LE BEGUE, R. 877. † 879.

6. EUDES, f. de *Robert le Fort*, R. 888. † 898.   3. LOUIS III. (II.) R. 879. † 882.   4. CARLOMAN, R. 879. † 884.   7. CHARLES II. dit LE SIMPLE, proclamé R. contre *Eudes*, 892. enfermé 923. † 929.   5. CHARLES II. dit LE GROS, troisième f. de *Louis le Germanique*, R. 865. † 888.

8. ROBERT I. fils cadet de *Robert le Fort*, R. 922. † 923.   10. LOUIS IV. (III.) dit OUTREMER, R. 936. † 954.

11. LOTHAIRE, R. 954. † 986.   *Charles*, D. de la basse Lorraine, exclu du trône 987. † en prison vers 992.   9. RAOUL, gendre de *Robert I.* R. 923. † 936.

12. LOUIS V. (IV.) dit LE FAINÉANT, R. 986. † 987.

TABLE XXI.
ROIS DE FRANCE DE LA DYNASTIE DES CAPETIENS,
DEPUIS HUGUES CAPET JUSQU'A CHARLES-LE-BEL.

13. HUGUES CAPET, petit-fils du R. Robert I. R. 987. † 996.

14. ROBERT II. R. 996. † 1031.

15. HENRI I. R. 1031. † 1060.

16. PHILIPPE I. R. 1060. † 1108.

17. LOUIS VI. (V.) dit LE GROS, R. 1108. † 1137.

18. LOUIS VII. (VI.) dit LE JEUNE, R. 1137. † 1180.

19. PHILIPPE II. AUGUSTE, R. 1180. † 1223.

20. LOUIS VIII. (VII.) R. 1223. † 1226.

21. LOUIS IX. (VIII.) ou SAINT-LOUIS. R. 1225. † 1270.   *Charles*, C. d'Anjou, tige des R. de Naples. (*v. Tab. XXVI.*)

22. PHILIPPE III. dit LE HARDI, R. 1270. † 1285.   *Robert*, C. de Clermont, † 1317. tige de la branche de Bourbon. (*v. Tab. XXIV.*)

23. PHILIPPE IV. dit LE BEL, R. 1285. † 1314.   *Charles*, C. de Valois, † 1325. tige de la branche de Valois. (*v. Tab. XXII. et XXIII.*)

24. LOUIS X. (IX.) dit LE HUTIN, R. 1314. † 1316.   *Isabelle*, † 1357. É. *Edouard II.* roi d'Angleterre.   26. PHILIPPE V. dit LE LONG, R. 1316. † 1322.   27. CHARLES IV. dit LE BEL, R. 1322. † 1328.

25. JEAN I. dit LE POSTHUME, R. né et † 1316.   *Edouard III.* R. d'Angleterre, prét. au trône de France, en 1337.

TABLES XXII ET XXIII.

ROIS DE FRANCE DES BRANCHES DE VALOIS ET DE VALOIS - ORLÉANS.

TABLE XXII.
ROIS DE FRANCE DE LA BRANCHE DE VALOIS.

Charles de Valois, fils puîné du R. *Philippe III.* dit *Le Hardi*, (*v. Tab. XXI.*) † 1325.

28. Philippe VI. de Valois, R. 1328. † 1350.

29. Jean II. dit Le Bon, R. 1350. † 1364.

30. Charles V. dit Le Sage, R. 1364. † 1380.	*Louis*, D. d'Anjou, tige des R. tit. de Naples, (*v. Tab. XXXVIII.*)	*Philippe*, dit *Le Hardi*, créé D. de Bourgogne 1363. † 1404.
31. Charles VI. R. 1380. † 1422.	*Louis*, D. d'Orléans, assassiné en 1407, tige de la branche de Valois-Orléans. (*v. Tab. XXIII.*)	*Jean*, dit *Sans-Peur*, D. de Bourgogne, assassiné sur le pont de Montereau 1419.
32. Charles VII. dit Le Victorieux. R. 1422. † 1461.		*Philippe*, dit *Le Bon*, D. de Bourgogne, † 1467.
33. Louis XI. (X.) R. 1461. † 1483.		*Charles*, dit *Le Hardi*, D. de Bourgogne, tué à Nancy, 1477.
34. Charles VIII. R. 1483. † 1498.		*Marie*, fille unique et héritière des états de Bourgogne, E. *Maximilien d'Autriche*, 1477.

TABLE XXIII.
ROIS DE FRANCE DE LA BRANCHE DE VALOIS-ORLÉANS.

Louis, D. d'Orléans, fils du R. *Charles V.* assassiné en 1407. (*v. Tab. XXII.*)

Charles, D. d'Orléans, † 1465.	*Jean*, C. d'Angoulême, † 1467.
35. Louis XII. (XI.) D. d'Orléans 1465. R. 1498. † 1515.	*Charles*, C. d'Angoulême, † 1496.
	36. François I. C. d'Angoulême 1496. R. 1515. † 1547.
	37. Henri II. R. 1547. † 1559. E. *Catherine de Médicis*.

| 38. François II. R. 1559. † 1560. E. *Marie Stuart*, Reine d'Ecosse. | 39. Charles IX. R. 1560. † 1574. | 40. Henri III. R. de Pologne 1573, R. de France 1574. assassiné en 1589. | *François*, D. d'Alençon, † 1584. |

TABLE XXIV.

ROIS DE FRANCE

DE LA BRANCHE DE BOURBON.

TABLE XXIV.

ROIS DE FRANCE DE LA BRANCHE DE BOURBON.

Robert, C. de Clermont, f. cadet de *St.-Louis*, † 1317. (*Voyez Tab. XXI*).

Louis, premier D. de Bourbon, † 1341.

Pierre I. D. de Bourbon, † 1356.
<small>TIGE</small>
des D. de BOURBON et des C. de MONTPENSIER, éteints en 1527.

Jacques I. C. de la Marche, † 1361.
Jean I. C. de la Marche, † 1393.

Jacques II. C. de la Marche, † 1438.

Louis, C. de Vendôme, † 1446.
Jean I. C. de Vendôme, † 1477.

Jean, S. de Carency, vers 1458.
<small>TIGE</small>
des Pr. de CARENCY, éteints en 1515.

François, C. de Vendôme, † 1495.

Louis, Pr. de la ROCHE-SUR-YON, † 1530.
<small>TIGE</small>
des Pr. de ce nom et des D. de MONTPENSIER, éteints en 1608.

Charles, premier D. de Vendôme, † 1537.

Antoine, D. de Vendôme, R. de Navarre, † 1562.

Louis I. Prince de Condé, † 1569.

41. HENRI IV. R. de France et de Navarre 1589. assassiné le 14 Mai 1610.

Henri I. Pr. de Condé, † 1588.

42. LOUIS XIII. (XII.) R. de France et de Navarre 1610. † le 14 Mai 1643.

Henri II. Pr. de Condé, † 1646.

43. LOUIS XIV. (XIII.) R. 1643. † le 1. Sept. 1716.

Philippe I. D. d'Orléans, † 1701.
<small>TIGE</small>
de la branche d'ORLÉANS.

Louis II. Pr. de Condé, † 1686.
<small>TIGE</small>
de la branche de CONDÉ.

Armand, Pr. de Conti, † 1666.
<small>TIGE</small>
de la branche de CONTI.

Louis, Dauphin, † 1711.

Louis, D. de Bourgogne, † 1712.

Philippe R. d'Espagne, 1701.
<small>TIGE</small>
des branches d'Espagne, des Deux-Siciles, de Parme et d'Etrurie. (*v. Tab. XXX.*)

44. LOUIS XV. (XIV.) n. 1710. R. 1715. † le 10 Mai 1774.

Louis, Dauphin, n. 1729. † 1765.

45. LOUIS XVI. (XV.) n. 1754. † le 21 Janv. 1793. E. *Marie-Antoinette d'Autriche*, † le 16 Octobre 1793.

Louis, C. de Provence, né 1755.

Charles, C. d'Artois, né 1757.

Marie-Thérèse, née 1778.

Louis, Dauphin, né 1785. † 1795.

Louis, D. d'Angoulême, né 1775. E. *Marie-Thérèse*, f. de Louis XVI.

Charles, D. de Berry, né 1778.

TABLE XXV.

ROIS DE NAVARRE.

TABLE XXV.

ROIS DE NAVARRE.

1. Garcie I. qualifié R. de *Pompelune* en 858. † 880.
2. Fortun, R. 880. abdique 905.
3. Sanche I. dit Le Restaurateur, R. 905. † 926.
4. Garcie II. Régent 919. R. 926. † 970.
5. Sanche II. dit Abarca, R. 970. † 994.
6. Garcie III. dit Le Trembleur, R. 994. † 1000.
7. Sanche III. dit le Grand, R. 1000. réunit la Castille 1028. † 1035.
8. Garcie IV. R. de Navarre 1035. † 1054. — Ferdinand I. R. de Castille (*v. Tab. XXVI.*) — Ramire I. R. d'Aragon, † 1063. (*v. Tab. XXVII.*)
9. Sanche IV. R. de Navarre 1054. † 1076. — Ramire, † 1084. — 10. Sanche V. R. de Navarre et d'Aragon. 1076. † 1094.
Ramire, † 1116. — 11. Pierre, R. de Nav. et d'Arag. 1094. † 1104. — 12. Alphonse I. R. de Nav. et d'Arag. 1104. † 1134.
13. Garcie V. R. de Nav. 1134. † 1150.
14. Sanche VI. dit Le Sage, R. 1150. † 1194.
15. Sanche VII. dit Le Fort, R. 1194. † 1234. — *Blanche*, † 1229. E. *Thibaut V.* C. de Champagne.
16. Thibaut I. dit Le Posthume, R. 1234. † 1253.
17. Thibaut II. R. 1253. † 1270. — 18. Henri I. R. 1270. † 1274.
19. Jeanne I. R. 1274. † 1305. E. *Philippe* dit *Le Bel*, R. de France et de Nav. † 1314.
20. Louis, dit Le Hutin, R. de Nav. 1305. de Fr. 1314. † 1316. — 21. Philippe, dit Le Long, R. de Nav. et de Fr. 1316. † 1322. — 22. Charles I. dit Le Bel, R. de Nav. et de Fr. 1322. † 1328.
23. Jeanne II. R. de Nav. 1328. † 1349. E. 23. Philippe d'Évreux, cour. R. de Nav. 1328. † 1343.
24. Charles II. dit Le Mauvais, R. 1349. † 1386.
25. Charles III. dit Le Noble, R. 1386. † 1425.
26. Blanche, R. 1425. † 1441. E. 23. Jean I. d'Aragon, R. de Nav. 1425. d'Arag. 1458. † 1479.
28. Éléonore, R. 1479. † 1479. E. *Gaston*, C. de Foix, † 1472.
Gaston, C. de Foix, Pr. de Viane, † dans un tournois 1470.
29. François Phœbus, R. 1479. † 1483. — 30. Catherine, R. 1483. † 1517. E. 30. Jean II. S. d'Albret, R. 1494. † 1516. dépouillés par Ferdinand le Catholique, en 1512.
Henri, S. de Béarn et d'Albret, R. tit. de Nav. 1517. † 1555.
Jeanne III. d'Albret, R. tit. de Nav. 1555. † 1572. E. *Antoine* D. de Vendôme, R. tit. de Navarre 1555. † 1562. (*v. Tab. XXIV.*)

TABLE XXVI

ROIS DE CASTILLE ET DE LÉON.

TABLE XXVI.
ROIS DE CASTILLE ET DE LÉON.

1. FERDINAND I. f. puîné de *Sanche le Grand*, (*v. Tab. XXV.*) R. de Castille 1035. de Léon 1037. † 1065.

2. SANCHE II. (I.) R. de Castille 1065. † 1072.   ALPHONSE I. (VI.) R. de Léon 1065. de Castille 1072. † 1109.   *Garcie*, R. de Galice et de Portugal, enfermé 1073.

4. URRAQUE, R. 1109. † 1126. E. *Raymond*, f. de Guillaume I. C. de Bourg. † 1108.

5. ALPHONSE II. (VII) R. 1126. cour. Empereur d'Espagne 1135. † 1157.

6. SANCHE III. (II.) R. de Castille 1157. † 1158.   FERDINAND II. R. de Léon 1157. † 1187.

7. ALPHONSE III. (VIII.) R. de Castille 1158. † 1214.   ALPHONSE IX. R. de Léon 1187. † 1230. E. *Bérengère*, f. d'Alphonse III. R. de Castille 1197.

Bérengère, † 1246. E. *Alphonse IX.* R. de Léon 1197.   *Blanche*, † 1253. E. *Louis VIII*. R. de France 1200.   8. HENRI I. R. de Cast. 1214. † 1217.   9. FERDINAND III. dit LE SAINT, R. de Cast. 1217. de Léon 1230. † 1252. canon. 1671.

10. ALPHONSE X. dit LE SAGE, R. 1252. élu R. d'Allem. 1257. † 1284.

Ferdinand, Pr. de la Cerda, † 1275. E. *Blanche*, f. de St. Louis, † 1320.   11. SANCHE IV. R. 1284. † 1295.

Alphonse de la Cerda, proclamé R. 1288. renonce 1305. † 1331.   *Ferdinand de la Cerda*.   12. FERDINAND IV. R. 1295. † 1312.

13. ALPHONSE XI. R. 1312. † 1350.

14. PIERRE, surnommé LE CRUEL, R. 1350. tué à Montiel 1369.   15. HENRI II. dit LE MAGNIFIQUE, f. nat. opposé à son frère 1366. R. 1369. † 1379.

Constance, E. *Jean de Gand*, D. de Laucastre, prét. au trône de Cast.   16. JEAN I. R. 1379. † 1390. E. *Eléonore*, f. de Pierre IV. R. d'Aragon.

17. HENRI III. dit LE MALADIF, R. 1390. † 1406.   *Ferdinand*, dit *le Juste*, élevé au trône d'Aragon. (*v. Tab. XXVII.*

18. JEAN II. R. 1406. † 1454.

19. HENRI IV. R. 1454. † 1474.   20. ISABELLE, R. 1474. † 1504. E. *Ferdinand le Catholique*, R. d'Aragon, 1469.

Jeanne, surnommée *Bertranéja*, religieuse à Coimbre 1479.   21. JEANNE, dite LA FOLLE, R. de Castille 1504. hérit. de la monarchie espagnole 1516. † 1555. E. *Philippe d'Autriche*, 1496. (*v. Tab. XXIX.*)

TABLE XXVII.

ROIS D'ARAGON.

TABLE XXVII.

ROIS D'ARAGON.

1. RAMIRE I. f. cadet de *Sanche le Grand*, (*v. Tab. XXV.*) R. d'Aragon 1035. † 1063.

2. SANCHE I. R. d'Aragon 1063. de Navarre 1076. †.1094.

3. PIERRE I. R. d'Arag. et de Nav. 1094. † 1104.   4. ALPHONSE I. R. d'Arag. et de Nav. 1104. † 1134.   5. RAMIRE II. R. d'Arag. 1134. abdique 1157. † 1147.

6. PETRONILLA, R. d'Aragon 1137. † 1174. E. *Raymond-Bérenguier*, C. de Barcelone, Régent d'Aragon 1137. † 1162.

7. ALPHONSE II. dit le Chaste, R. d'Aragon, C. de Barcelone et de Provence 1162. † 1196.

8. PIERRE II. R. d'Aragon 1196. † 1213.   *Alphonse*, C. de Provence et de Forcalquier, † 1209.

9. JAYME I. dit LE CONQUÉRANT, R. d'Aragon 1213. † 1276.   *Raymond-Bérenguier V.* C. de Provence et de Forcalquier, † 1245.

10. PIERRE III. dit LE GRAND, R. d'Arag. 1276. de Sicile, par les *vêpres Siciliennes*, 1282. † 1285. (*v. Tab. XXXIX.*)   *Jean I.* R. de Majorque, C. de Rouss. et de Moutp. 1262. † 1311.   *Béatrix*, hérit. de Prov. et de Forcalq. 1245. † 1267 E. *Charles d'Anjou*, frère de Saint-Louis, en 1245.

11. ALPHONSE III. R. d'Arag. 1285. † 1291.   12. JAYME II. R. d'Arag. 1291. † 1327.   *Frédéric II.* R. Sicile 1296. † 1337.   *Sanche*, R. de Majorque 1311. † 1324.

13. ALPHONSE IV. R. d'Aragon 1327. † 1336.   *Pierre II.* R. de Sicile 1336. † 1342.   *Jayme II.* R. de Majorque 1324. dépouillé 1343. † 1349.

14. PIERRE IV dit LE CÉRÉMONIEUX, R. d'Arag. 1336. † 1387.   *Louis*, R. de Sicile 1342. † 1355.   *Frédéric III.* R. de Sicile 1355. † 1377.   *Jayme III.* R. de Majorque 1349. † 1375 prison. du R. d'Aragon.

15. JEAN I. R. d'Arag. 1387. † 1395.   *Éléonore*, † 1382. E. *Jean I.* R. de Castille 1375.   16. MARTIN, R. d'Arag. 1395. de Sicile 1409. † 1410.   *Marie*, R. de Sicile 1377. † 1402. E. *Martin*, Prince d'Aragon, 1391.

Jolande, † 1442. E. *Louis II.* R. tit. de Naples.   17. FERDINAND I. dit LE JUSTE, R. d'Arag. et de Sicile 1412. † 1416.   *Martin*, Pr. d'Aragon, R. de Sicile 1391. † 1409. E. *Marie*, f. et hérit. de Frédéric III. R. de Sicile.

18. ALPHONSE V. R. d'Arag. et de Sicile 1416. R. de Naples 1443. † 1458. (*v. Tab. XXXVII.*)   19. JEAN II. R. de Nav. 1425. R. d'Arag. et de Sicile 1458. † 1479.

20. FERDINAND II. (V.) dit LE CATHOLIQUE, R. de Castille 1474. d'Aragon et de Sicile 1479. de Grenade 1492. de Naples 1504. de Navarre 1512. † 1516. E. *Isabelle*, f. de Jean II. R. de Castille 1469 † 1504.

Jeanne, dite *La Folle*, héritière de la monarchie Espagnole, † 1555. E. *Philippe d'Autriche* 1496. (*v. Tab. XXIX.*)

TABLES XXVIII ET XXIX.

CALIFES D'ESPAGNE OU DE CORDOUE.

ROIS D'ESPAGNE
DE LA MAISON D'AUTRICHE.

TABLE XXVIII.

CALIFES D'ESPAGNE OU DE CORDOUE.

1. ABDÉRAM ou ABDALRAHAM I. Prince de la dynastie des califes Ommiades, se fait reconnoître Calife en Espagne, et fixe son siége à Cordoue 756. est dépouillé par Charlemagne d'une partie de l'Espagne entre les Pyrénées et l'Ebre 778. † 788.

2. HESCHAM I. Calife 788. † 796.

3. HACKEM I. Calife 796. perd Barcelone 801. † 822.

4. ABDÉRAM ou ABDALRAHAM II. Calife 822. † 852.

5. MUHAMMED ou MAHOMET I. Calife 852. † 886.

6. ALMONDIR ou ALMOUZIR, Calife 886. † 889. 7. ABDALLA, Calife 889. † 912.

8. ABDÉRAM ou ABDALRAHAM III. Calife 912. † 961.

9. HACKEM II. Calife 961. grand protecteur des lettres, † 976. 10. HESCHAM II. Calife 976. Après lui le califat est démembré en plusieurs petits états vers 1030.

TABLE XXIX.

ROIS D'ESPAGNE DE LA MAISON D'AUTRICHE.

PHILIPPE I. f. de l'Empereur *Maximilien I.* (*v. Tab. VIII.*) R. de Castille 1505. † 1506. E. *Jeanne La Folle*, f. de Ferdinand le Catholique et d'Isabelle de Castille 1496. (*v. Tab. XXVI. et XXVII.*)

CHARLES I. dit CHARLES-QUINT, né 1500. R. d'Espagne 1516. Empereur 1519. abdique 1556. † 1558. E. *Isabelle*, f. d'Emanuel, R. de Portugal 1526. † 1539. | *Ferdinand I.* né 1503. Tige de la branche allem. d'Autriche.

PHILIPPE II. né 1527. R. d'Espagne 1556. de Portugal 1580. † 1598. | *Charles*, Archid. † 1590.

PHILIPPE III. né 1578. R. d'Espagne et de Portugal 1598. † 1621. | *Ferdinand II.* Emp. † 1637.

Anne-Marie, née 1601. E. *Louis XIII.* R. de France 1615. | PHILIPPE IV. né 1605. R. d'Esp. et de Port. 1621. perd le Portugal 1640. † 1665. E. 1.° *Elisabeth*, f. de Henri IV. R. de France 1621. † 1644. 2.° *Marie-Anne*, f. de Ferdinand III. 1649. | *Marie-Anne*, née 1606. E. *Ferdinand III.* f. de l'emp. Ferd. II. 1631. | *Ferdinand III.* Emp. † 1657.

Marie-Thérèse, née 1658. E. *Louis XIV.* R. de France, 1660. | *Marguerite-Thérèse*, née 1651. E. *Léopold I.* Emp. 1666. | CHARLES II. né 1661. R. d'Espagne 1665. † le 1 nov. 1700. sans enfans. | *Léopold I.* Emp. † 1705.

Joseph I. Emp. † 1711. | Charles, Archid. déclaré R. d'Espagne, sous le nom de CHARLES III. 1703. Emp. 1711. † 1740.

TABLE XXX.

ROIS D'ESPAGNE

DE LA MAISON DE BOURBON.

TABLE XXX.

ROIS ET PRINCES D'ESPAGNE DE LA MAISON DE BOURBON.

PHILIPPE V. f. de Louis, Dauphin de France, et petit-fils de Louis XIV. (*Tab. XXIV.*) né 1683. déclaré R. d'Espagne 1700, abdique le 15 janvier, remonte sur le trône le 6 septembre 1724. † 1746. E. 1.° *Marie-Louise* de Savoie 1701. † 1714. 2.° *Élisabeth* de Parme 1714. † 1766.

LOUIS I. né 1707. R. le 17 janvier, † le 31 août 1724.	FERDINAND VI. né 1711. R. 1746 † 1759. E. *Marie-Barbe*, f. de Jean V. R. de Portugal, 1729. † 1758.	*Marie-Anne-Victoire*, fiancée à Louis XV. † 1781. E. Joseph I. R. de Portugal, 1732.	CHARLES III. né 1716. D. de Parme et de Plaisance 1731. R. des Deux-Siciles 1735. R. d'Esp. 1759. † 1788. E. *Marie-Amélie*, f. d'Auguste III. R. de Pologne, 1738. † 1760.	Philippe, né 1720. D. de Parme et de Plaisance 1748. † 1765. E. *Louise-Elisabeth*, fille de Louis XV. 1739.	*Louis*, né 1727. archev. de Tolède et card. résigne 1754. † 1785. E. *Marie-Thérèse de Vallabriga* 1776. *Louis*, né 1777. arch. de Tolède et card. 1800.	*Marie-Antoinette* n. 1729. † 1785. E. *Victor-Amédée III.* R. de Sardaigne, 1750. *Caroline*, née 1779. E. *Manuel Godoy*, Prince de la Paix, né 1768, marié 1797.
Marie-Louise, n. 1745. † 1792. E. *Léopold*, Gr.-D. de Toscane, 1765.	CHARLES IV. né 1748. R. d'Espagne 1788, abdique la couronne et cède la monarchie espagnole à l'emp. Napoléon 1808. E. *Louise*, f. de Philippe, D. de Parme, 1765.	*Ferdinand IV.* R. des Deux-Siciles, né 1751. (*voyez Tab. XLV.*)	*Gabriel-Antoine-François-Xavier*, né 1752. † 1788. E. *Marie-Victoire*, Pr. de Beira, fille unique de la reine Marie I. de Portugal, et du R. Pierre III. né 1768. m. 1784. † 1788.		*Antoine-Pascal*, né 1755. E. *Marie-Amélie*, f. du R. Charles IV. 1795. † 1798.	
			Pierre-Charles-Antoine, né 1786, élevé depuis 1790 à la cour de Lisbonne. E. *Marie-Thérèse*, f. de Jean, Pr. de Brésil, 1810.			
Charlotte-Joachime, n. 1775. E. *Jean*, Régent de Portugal, 1790.	*Marie-Amélie*, née 1779. † 1798. E. *Antoine-Pascal*, son oncle, 1795.	*Marie-Louise*, née 1782. E. Louis, Pr. de Parme, 1795.	*Ferdinand*, Pr. des Asturies, né 1784, démet 1808. E. *Marie-Antoinette*, f. de Ferdinand IV. R. de Sicile, 1802. † 1806.	*Charles*, né 1788.	*Marie-Isabelle*, née 1789. E. *François-Janvier*, Pr. de Sicile, 1802.	*François de Paula*, né 1794.

TABLES XXXI ET XXXII.

ROIS DE PORTUGAL

DEPUIS ALPHONSE 1 JUSQU'A PHILIPPE III.

TABLE XXXI.

ROIS DE PORTUGAL, DEPUIS ALPHONSE I JUSQU'A FERDINAND, 1139 — 1383.

Henri de Bourgogne, f. de *Henri*, petit-fils de *Robert I.* D. de Bourgogne, arrière-petit-fils de *Robert II.* R. de France; établi C. de Portugal vers 1090. † 1112.

1. ALPHONSE I. proclamé roi de Portugal 1139. † 1185.

2. SANCHE I. R. 1185. † vers 1211.

3. ALPHONSE II. dit LE GRAS, R. 1211. † 1223.

4. SANCHE II. R. 1223. déposé par le pape 1245. † vers 1248.   5. ALPHONSE III. R. 1248. † 1279.

6. DENYS, dit LE PÈRE DE LA PATRIE, R. 1279. † 1325.

7. ALPHONSE IV, dit LE HARDI, R. 1325. † 1357.

8. PIERRE I. dit LE SÉVÈRE ou LE JUSTICIER, R. 1357. † 1367. E. 1.° *Constance*, 2.° *Agnès de Castro*. a. *Thérèse-Gille-Laurent*, conc.

9. FERDINAND, R. 1367. † 1383.   *Jean*, D. de Valença.   Deux. 10. JEAN, f. nat. R. de Portugal en 1385. (*v. Tab. XXXII.*)

Béatrix, née d'un mariage illégit. E. *Jean I.* R. de Castille, prét. au trône de Portugal, 1383.

TABLE XXXII.

ROIS DE PORTUGAL, DEPUIS JEAN I JUSQU'A PHILIPPE III. (IV.)

10. JEAN I. f. nat. de *Pierre I.* (*v. Tab. XXXI.*) Régent 1383. R. 1385. † 1433.

11. EDOUARD, R. 1433. † 1438.   *Henri*, D. de Viseu † 1460.   *Alphonse*, f. nat., tige des D. Bragance. (*v. Tab. XXXIII.*)

12. ALPHONSE V. dit L'AFRICAIN, R. 1438. † 1481.   *Ferdinand*, D. de Viseu, † 1470.

13. JEAN II. surnommé LE GRAND, R. 1481. † 1495.   14. EMANUEL, surnommé LE GRAND, R. 1495. † 1521.

15. JEAN III. R. 1521. † 1557.   *Isabelle*, † 1557. E. *Charles I.* R. d'Esp.   *Béatrix*, † 1538. E. *Charles III.* D. de Savoie.   *Louis*, D. de Béja, † 1555.   17. HENRI LE CARDINAL, R. 1578. † 1580.   *Edouard*, D. de Guimarens, † 1640.

Jean, Pr. de Port. † 1554.   18. PHILIPPE I. (II.) R. d'Esp. et de Port. 1580. † 1598.   *Emanuel-Philibert*, D. de Savoie, Prét. en 1580.   *Antoine*, f. nat. proclamé R. de Port. 1580. † 1595.   *Marie*, † 1577. E. *Alexandre Farnèse*, D. de Parme.   *Catherine*, † vers 1618. E. *Jean*, D. de Bragance, † 1582.

16. SEBASTIEN, né 1554. R. 1557, tué à la bataille d'Alcaçar en Afrique 1578.   19. PHILIPPE II. (III.) R. d'Esp. et de Port. 1598. † 1621.   *Rainuce I.* D. de Parme, prétendant en 1580.   *Théodose II.* D. de Bragance, † 1630.

20. PHILIPPE III. (IV.) R. d'Espagne et de Portugal 1621. perd le Portugal 1640.   21. JEAN IV. DE BRAGANCE, R. de Portugal 1640. (*v. Tab. XXXIII.*)

TABLES XXXIII, XXXIV ET XXXV.

ROIS DE PORTUGAL
DE LA MAISON DE BRAGANCE.

ROIS DES DEUX-SICILES
DE LA RACE DES NORMANDS ET DE LA MAISON DE HOHENSTAUFEN.

TABLE XXXIII.
ROIS DE PORTUGAL DE LA MAISON DE BRAGANCE.

21. JEAN IV. f. de *Théodose II*, D. de Bragance, et descendant au septième degré d'*Alphonse*, f. nat. de Jean I. R. de Portugal, (*v. Tab. XXXI.*) proclamé R. de Portugal, le 1. Décembre 1640. † 1656. E. *Louise de Guzman*, f. du D. de Medina-Sidonia, 1632. Régente 1656. † 1666.

22. ALPHONSE VI. n. 1643. R. 1656. se démet 1667. † 1683. E. *Marie-Françoise-Elisabeth*, P. de Nemours, 1666. † sép. 1668. | 23. PIERRE II. n. 1648. Régent 1667. R. 1683. † 1706. E. 1. *Marie-Françoise-Elisabeth*, femme divorcée de son frère, 1668. † 1683. 2. *Marie-Sophie-Elisabeth*, Princesse Palatine, 1687. † 1699.

24. JEAN V. n. 1689. R. 1706. † 1750. E. *Marie-Anne-Joséphine-Antoinette*, f. de l'Emp. Léopold I. 1708. † 1754.

25. JOSEPH I. n. 1714. R. 1750. † 1777. E. *Marie-Anne-Victoire*, f. de Philippe V. R. d'Espagne, 1732. † 1781. | 26. PIERRE III. n. 1717. R. tit. 1777. † 1786. E. *Marie-Françoise-Isabelle*, f. du R. Joseph I. son frère, 1760. Reine de Portugal 1777.

26. MARIE I. n. 1734. Reine 1777. E. PIERRE III. son oncle, f. puîné du R. Jean V. 1760. † 1786. | *Marie-Anne*, n. 1736. | *Marie-Françoise*, 1746. E. Joseph, P. du Brésil 1777. † 1788. | Joseph, Pr. du Brésil, n. 1761. † 1788. E. *Marie-Françoise*, sa tante, 1777. | JEAN, Pr. du Brésil, n. 1767. Régent 1799. retiré dans le Brésil 1808. E. *Charlotte-Joachime*, f. de Charles IV. R. d'Esp. 1790. | *Marie-Victoire*, n. 1768. † 1788. E. *Gabriel-Antoine*, Infant d'Esp. 1784. (*v. Tab. XXX.*)

Marie-Thérèse, née 1793. E. Pierre-Charles-Antoine, Inf. d'Espagne, 1810. | *Isabelle-Marie-Françoise*, n. 1797. | Pierre-Antoine, né 1798. déclaré connétable du Brésil 1807. | *Marie-Françoise*, née 1800. | *Isabelle-Marie*, née 1801. | Michel, né 1802. | *Marie-Anne-Josephine*, née 1805.

TABLE XXXIV.
ROIS DES DEUX-SICILES DES NORMANDS-FRANÇOIS.

Tancrède, C. de Hauteville, descendant, au 5.ᵉ degré, de Robert, D. de Normandie.

Robert Guiscard, D. de la Pouille et de la Calabre 1059. † 1085. | *Roger I.* C. de Sicile depuis 1060. † 1101.

Roger, D. de la Pouille 1085. † 1111. | 1. ROGER II. C. de Sicile 1101. D. de la Pouille 1127. premier roi des Deux-Siciles 1130. † 1154.

Guillaume, D. de la Pouille 1111. † 1127. sans enfans. | *Roger*, D. de la Pouille, † 1148. | 2. GUILLAUME I. surnommé LE MAUVAIS, R. 1154. † 1166. | *Constance*, E. Henri VI. Emp.

Tancrède, f. nat., usurpe le trône en 1189. † 1194. | GUILLAUME II. dit LE BON, R. 1166. † 1189.

Guillaume, proclamé R. 1194. tombe au pouvoir de Henri VI. † 1198.

TABLE XXXV.
ROIS DES DEUX-SICILES DE LA MAISON DE HOHENSTAUFEN.

4. HENRI I. (VI.) f. de l'Emp. Frédéric I. (*v. Tab. V.*) R. 1189. † 1197. | 5. CONSTANCE, f. du R. Roger II. héritière du Royaume, m. 1189. † 1198.

6. FRÉDÉRIC I. (II.) R. des Deux-Siciles 1198. R. d'Allemagne 1212. † 1250.

7. CONRAD I. (IV.) R. 1250. † 1254. | 9. MAINFROY, f. nat., proclamé R. 1258. défait et tué à Benevent 1266.

8. CONRAD II. dit CONRADIN, R. 1254. décapité à Naples 1268. | *Constance*, † 1300. E. Pierre III. R. d'Aragon, 1262.

TABLE XXXVI, XXXVII ET XXXVIII.

ROIS DE NAPLES

DES MAISONS D'ANJOU ET D'ARAGON.

TABLE XXXVI.
ROIS DE NAPLES DE LA MAISON D'ANJOU.

10. Charles I. f. de *Louis VIII.* (*v. Tab. XXI.*) C. d'Anjou et de Provence, R. des Deux-Siciles, investi par le Pape 1265. perd la Sicile 1282. † 1285. E. *Béatrix*, héritière de Provence, 1245. (*v. Tab. XXVII.*)

11. Charles II. dit Le Boiteux, R. de Naples, 1285. † 1309. E. *Marie*, f. d'Etienne V. R. de Hongrie, † 1323.

Charles Martel, R. de Hongrie, † 1296. 12. Robert, dit Le Bon et Le Sage, R. 1309. † 1343. Philippe, Pr. d'Achaïe et de Tarente, † 1332. Jean, D. de Duras, † 1335.

Charles Robert, R. de Naples 1343. *Charles*, D. de Calabre, † 1328. 13. Louis, R. 1352. † 1362. E. *Jeanne I*. R. 1346. *Charles*, D. de Duras, 1348. E. *Marie*, f. de Charles D. de Calabre, 1343. *Louis*, C. de Gravina, † 1362.

Louis, R. de Hongrie † 1382. 13. André, R. de Naples 1343. étranglé 1345. E. *Jeanne I.* R. 13. Jeanne I. R. 1345. étranglée 1382. E. 1.° *André de Hongrie*, 1343. 2.° *Louis de Tarente* 1346. *Marie*, † 1366. E. *Charles*, D. de Duras, 1345. *Marguerite*, † 1412. E. *Charles III.* R. de Naples, son cousin germain. 14. Charles III dit Le Petit, R. 1382. † 1386. E. *Marguerite de Duras*, 1368.

15. Ladislas, dit Le Magnanime, R. de Naples 1386. R. de Hongrie 1401. † 1414. 16. Jeanne II. R. 1414. † 1435.

TABLE XXXVII.
ROIS DE NAPLES DE LA MAISON D'ARAGON.

17. Alphonse I. (V.) R. d'Aragon, (*v. Tab. XXVII.*) s'érige en héritier et successeur de la R. *Jeanne II.* 1435, 1443. † 1458.

18. Ferdinand I. f. nat. R. 1458. † 1494.

19. Alphonse II. R. 1494. † 1495. 21. Frédéric II. R. 1496. dépouillé 1501. † 1504.

20. Ferdinand II. R. 1495. † 1496. *Charlotte*, Pr. de Tarente, † 1505. E. *Guy de Laval*.

Anne, † 1553. E. *François de la Trimouille*, Pr. de Talmond 1521.

TABLE XXXVIII.
ROIS TITULAIRES DE NAPLES DE LA SECONDE MAISON D'ANJOU.

Louis I. f. de *Jean II.* R. de France, (*v. Tab. XXII.*) D. d'Anjou 1360. adopté par la R. *Jeanne I.* C. de Provence 1380. cour. R. de Naples par le Pape, 1382. † 1384.

Louis II. D. d'Anjou, C. de Provence, R.. tit. de Naples, 1384. † 1417.

Louis III. D. d'Anjou, C. de Provence, R. tit. de Naples, 1417. adopté par la R. *Jeanne II.* 1423. † 1434. René, dit Le Bon, D. de Lorraine, 1431. D. d'Anjou, C. de Provence, R. tit. de Naples 1434. † 1480. E. *Isabelle*, f. et hérit. de Charles I. D. de Lorraine 1420. *Charles*, C. du Maine, † 1472.

Charles du Maine, C. de Provence et R. tit. de Naples, 1480. dépouillé du D. d'Anjou par *Louis XI.* 1480. † 1481.

TABLES XXXIX ET XL.

ROIS DE SICILE ET DE NAPLES
DE LA MAISON D'ARAGON.

ROIS DES DEUX-SICILES
DE LA MAISON D'AUTRICHE.

TABLE XXXIX.

ROIS DE SICILE ET DE NAPLES DE LA MAISON D'ARAGON.

1. PIERRE I. (III.) R. d'Aragon, (*v. Tab. XXVII.*) devient R. de Sicile, à l'occasion des vêpres siciliennes 1282. † 1285.

2. JACQUES, R. de Sicile 1285. d'Aragon 1291. abdique la cour. de Sicile en faveur de *Charles II*. R. de Naples 1295.

3. FRÉDÉRIC II. élu R. de Sicile 1296. † 1336. E. *Eléonore*, f. de Charles II. R. de Naples 1302.

Alphonse IV. R. d'Aragon 1327. † 1336.

4. PIERRE II. R. 1336. † 1342.

Pierre IV. R. d'Aragon 1336. † 1387.

5. LOUIS, R. 1342. † 1355. âgé de 18 ans.

6. FRÉDÉRIC III. dit LE SIMPLE, R. 1355. † 1377.

Jean I. R. d'Aragon 1387. † 1395.   Eléonore, † 1802. E. *Jean I*. R. de Castille 1375.

9. MARTIN II. R. d'Aragon 1395. de Sicile 1409. † 1410.

7. MARIE, née 1363. R. 1377. † 1402. E. *Martin*, Pr. d'Aragon 1391.

10. FERDINAND I. dit LE JUSTE, R. de Sicile et d'Aragon 1412. † 1416.

8. MARTIN I. R. de Sicile 1391. † le 25 Juill. 1409. E. *Marie*, R. de Sicile, f. de Frédéric III. 1391.

11. ALPHONSE I. (V.) dit LE SAGE, R. de Sicile et d'Aragon 1416. R. de Naples 1443. † 1458.

12. JEAN I. (II.) R. de Sicile et d'Aragon 1458. † 1479.

13. FERDINAND II. (III.) dit LE CATHOLIQUE, R. de Sicile et d'Aragon 1479. R. de Naples 1504. † 1506.

TABLE XL.

ROIS DES DEUX-SICILES DE LA MAISON D'AUTRICHE.

Jeanne, dite *La Folle*, f. et héritière de *Ferdinand le Catholique* et d'*Isabelle de Castille*, † 1555. E. *Philippe d'Autriche*, f. de l'Emp. Maximilien I. (*v. Tab. XXVI. XVII. et XXIII.*)

CHARLES IV. (I.) R. d'Espagne et des Deux-Siciles 1516. abdique 1556. † 1558.

PHILIPPE I. (II.) R. d'Espagne et des Deux-Siciles 1556. † 1598.

Catherine, † 1597. E. *Charles-Emanuel I*. D. de Savoie.

PHILIPPE II. (III.) R. d'Espagne et des Deux-Siciles 1598. † 1621.

Victor-Amédée I. D. de Savoie, † 1637.

PHILIPPE III. (IV.) R. d'Espagne et des Deux-Siciles 1621. † 1665.

Marie-Anne, E. *Ferdinand III*. Empereur d'Allemagne.

Charles-Emanuel II. D. de Savoie, † 1675.

Marie-Thérèse, E. *Louis XIV*. prét. au royaume des Deux-Siciles et à la monarchie espagnole 1700.

CHARLES V. (II.) R. d'Esp. et des Deux-Siciles 1665. † 1700.

Marguerite-Thérèse, E. l'Emp. *Léopold I*.

Léopold I. Emp. d'Allem. E. *Marguerite-Thérèse d'Espagne*.

VICTOR-AMÉDÉE, D. de Savoie, R. de Sicile en vertu de la paix d'Utrecht 1713. l'échange contre la Sardaigne 1720.

CHARLES VI. R. de Naples 1707. Emp. 1711. R. de Sicile 1720. renonce aux Deux-Siciles 1738.

TABLES XLI ET XLII.

ROIS DES DEUX-SICILES
DE LA MAISON DE BOURBON.

ROIS DE SARDAIGNE
DE LA MAISON DE SAVOIE.

TABLE XLI.

ROIS DES DEUX-SICILES DE LA MAISON DE BOURBON.

CHARLES VII. f. de *Philippe V.* et d'*Elisabeth Farnèse*, (*v. Tab.* XXX.) D. de Parme 1731. R. des Deux-Siciles 1735 et 1738. résigne la couronne des Deux-Siciles 1759. † 1788.

FERDINAND IV. né 1751. R. des Deux-Siciles 1759. prend les rênes du gouvernement 1767. perd Naples 1806. se démet de la Sicile 1812. E. *Marie-Caroline-Louise*, f. de l'Emp. François I. et de Marie-Thérèse 1768.

Marie-Thérèse, née 1772. † 1807. E. *François II.* Emp. 1790.	*François-Janvier-Joseph*, né 1777. Pr. héréd. 1798. déclaré régent 1812. E. 1.° *Marie-Clémentine*, f. de l'Emp. Léopold II. 1797. † 1801. 2.° *Marie-Isabelle*, f. de Charles IV. R. d'Espagne 1802.	*Marie-Christine-Thérèse*, née 1779. E. *Charles-Félix-Joseph*, Pr. de Sardaigne, 1807.	*Marie-Amélie*, née 1782.	*Marie-Antoinette-Thérèse*, née 1784. † 1806. E. *Ferdinand*, Pr. des Asturies 1802.	*Léopold-Jean-Joseph*, n. 1790. E. *Eugénie*, f. de Louis-Philippe d'Orléans 1809.

1.	1.	2.	2.
Marie-Caroline-Thérèse, née 1798.	*Ferdinand-François*, né 1800. † 1801.	*Louise-Caroline*, née 1804.	Un prince né 1810.

TABLE XLII.

ROIS DE SARDAIGNE DE LA MAISON DE SAVOIE.

VICTOR-AMÉDÉE II. f. de *Charles-Emanuel II.* D. de Savoie par la mort de son père 1675. R. de Sicile 1713. R. de Sardaigne par échange contre la Sicile, 1720. abdique 1730. † 1732.

CHARLES-EMANUEL III. né 1701. R. de Sardaigne et D. de Savoie 1730. † 1773. E. 1.° *Anne-Christine*, Pr. de Soulzbach, m. et † 1723. 2.° *Polyxène-Christine*, Fr. de Hesse-Rheinfels 1724. † 1735. 3.° *Elisabeth-Thérèse*, Pr. de Lorraine 1737. † 1741.

VICTOR-AMÉDÉE III. n. 1726. R. de Sardaigne et D. de Savoie 1773. † 1796. E. *Marie-Antoinette*, f. de Philippe V. R. d'Espagne 1750. † 1783.	*Benoît-Maurice-Marie*, D. de Chablais, né 1741. † 1808. E. *Marie-Anne-Caroline*, f. du R. Victor-Amédée III, sa nièce, 1775.	

CHARLES-EMANUEL IV. n. 1751. R. de Sardaigne et D. de Savoie 1796. cède la Savoie et le Piémont à la France 1796. 1798. se démet de la Sardaigne en faveur de son frère 1802. E. *Marie-Adélaïde-Clotilde*, f. de Louis, Dauphin de France 1775. † 1802.	*Marie-Louise-Joséphine*, née 1753. E. *Louis*, C. de Provence, 1771.	*Marie-Thérèse*, n. 1756. † 1805. E. *Charles*, C. d'Artois, 1773.	*Marie-Anne-Caroline*, née 1757. E. *Benoît-Maurice*, D. de Chablais.	VICTOR-EMANUEL I. né 1759. R. de Sardaigne 1802. E. *Marie-Thérèse*, f. de l'Archid. Ferdinand d'Autriche et de la Pr. de Modène 1789.	*Charles-Félix-Joseph*, né 1765. E. *Marie-Christine-Thérèse*, f. de Ferdinand IV. R. de Sicile, 1807.

	Marie-Béatrix-Victorine-Joséphine, née 1792.	*Marie-Thérèse*, et *Marie-Anne*, jumelles, nées 1803.

TABLES XLIII ET XLIV.

ROIS D'ANGLETERRE
Anglo-Saxons, Danois et Normands.

TABLE XLIII.

ROIS D'ANGLETERRE, ANGLO-SAXONS ET DANOIS.

1. EGBERT, dit LE GRAND, premier R. de toute l'Angleterre 827. † 836.
2. ETHELWOLF, R. 836. † 857.
3. ETHELBALD, R. 857. † 860.   4. ETHELBERT, R. 860. † 866.   5. ETHELRED I, R. 866. † 871.   6. ALFRED I. dit LE GRAND, R. 871. † 901.
7. EDOUARD I. dit L'ANCIEN, R. 901. † 925.
8. ATHELSTAN, R. 925. † 941.   9. EDMOND I. R. 941. † 946.   10. EDRED, R. 946. † 955.
11. EDWY, R. 955. † 957.   12. EDGAR, dit LE PACIFIQUE, R. 957. † 975.
13. EDOUARD II. dit le MARTYR, R. 975. assassiné 978.   14. et 16. ETHELRED II. R. 978. chassé 1013. rétabli 1014. † 1016.
17. EDMOND II. dit CÔTE DE FER, R. 1016. † 1017.   21. EDOUARD III. dit LE CONFESSEUR, R. 1042. † 1066.

Edmond.   Edouard, † 1067.
        Edgar Atheling.   * *
                                Harald Blaatand, R. de Danemarck. (v. Tab. LI.)
                                15. SUENON, R. d'Angleterre et de Danemarck, 1013. † 1014.
* *
Godwin, C. de Kent, † 1053.   18. CANUT, dit LE GRAND, R. d'Angl. et de Dan. 1017. † 1036.
22. HARALD II. R. d'Angl. 1066. défait et tué par Guillaume-le-Conquérant 1066.   19. HARALD I. R. d'Angl. 1036. † 1039.   20. HARDECNUT, R. d'Angl. et de Dan. 1039. † 1041.

TABLE XLIV.

ROIS D'ANGLETERRE DE LA MAISON DES DUCS DE NORMANDIE.

1. GUILLAUME I. dit LE BATARD, et LE CONQUÉRANT, D. de Normandie, R. d'Angleterre 1066. † 1067.
2. GUILLAUME II. dit LE ROUX, R. 1067. † 1100.   3. HENRI I. dit BEAU-CLERC, R. 1100. † 1135.   Adèle, † 1137. E. Etienne, C. de Blois.
Mathilde, déclarée héritière du trône 1127. † 1186.   4. ETIENNE, R. 1135. † 1154.
E. 1.° HENRI V. Emp. d'Allemagne, † 1125.
  2.° Geofroy Plantagenet, C. d'Anjou 1127.
TIGE
de la maison des PLANTAGENETS,
v. Tab. XLV.

TABLE XLV.

ROIS D'ANGLETERRE
DE LA MAISON DE PLANTAGENET,

TABLE XLV.

ROIS D'ANGLETERRE DE LA MAISON DE PLANTAGENET.

Mathilde, f. du R. Henri I. (*v. Tab. XLIV.*) déclarée héritière du trône d'Angleterre 1127. † 1167. E. *Geofroi*, dit *Plantagenet*, C. d'Anjou, † 1151.

5. HENRI II. R. 1154. † 1189.

6. RICHARD I. dit CŒUR DE LION, R. 1189. † 1199.   7. JEAN, dit SANS TERRE, R. 1199. † 1216.

8. HENRI III. R. 1216. † 1272.

9. EDOUARD I. dit LE LONG, R. 1272. † 1307.   *Edmond*, dit *Le Bossu*, C. de Lancastre, prétendu fils aîné, † 1296.

10. EDOUARD II. R. 1307. † 1327. E. *Isabelle*, f. de Philippe Le Bel, R. de France.   *Henri*, C. de Lancastre, † 1345.

11. EDOUARD III. R. 1327, † 1377.   *Henri*, dit *Grismond*, C. de Lancastre, † 1361.

Edouard le Noir, Pr. de Galles, † 1376. — *Lionel*, D. de Clarence, † 1368. — *Jean de Gand*, D. de Lancastre, † 1399. E. *Blanche*, première héritière des droits de Lancastre. — *Edmond*, D. d'York, † 1402. — *Blanche*, première héritière des droits de Lancastre, † 1369. E. *Jean de Gand*, troisième fils d'Edouard III.

12. RICHARD II. R. 1377. déposé 1399. † 1400.   *Philippine de Clarence*, E. *Edmond Mortimer*, 1368.   13. HENRI IV. R. 1399. † 1413.   *Jean Beaufort*, f. nat. legitimé, † 1410.   *Richard*, C. de Cambridge, † 1415. E. *Anne Mortimer*, première hérit. des droits de Lionel, D. de Clarence.   TIGE de la ROSE ROUGE.

Roger Mortimer, déclaré héritier de la couronne 1385. † 1399.   14. HENRI V. R. 1413. † 1422. E. *Catherine* de Fr. f. de Charles VI.   *Jean Beaufort*, D. de Sommerset, † 1444.   *Richard*, D. d'York, protecteur 1455. † 1460.

Anne Mortimer, première héritière des droits de Lionel. E. *Richard*, C. de Cambridge, f. d'Edmond D. de York, et petit-fils du R. Edouard III.
TIGE de la ROSE BLANCHE.   15. HENRI VI. R. d'Angleterre et de France 1422. tué 1472.   *Marguerite Beaufort*, † 1509. seconde héritière des droits de Lancastre, E. *Edmond Tudor* C. de Richemont.   16. EDOUARD IV. R. 1461 et 1472. † 1483.   18. RICHARD III. R. 1483. tué à la bataille de Bosworth 1485.

17. EDOUARD V. R. 1483. tué 1483.   *Elisabeth*, seconde héritière des droits de Lionel, D. de Clarence. E. *Henri VII*. R. d'Angleterre. (*v. Tab. XLVI.*)

TIGE de la Maison de TUDOR.
v. Tab. XLVI.

TABLES XLVI ET XLVII.

ROIS D'ANGLETERRE
DE LA MAISON DE TUDOR.

ROIS DE LA GRANDE-BRETAGNE
DE LA MAISON DE STUART.

TABLE XLVI.
ROIS D'ANGLETERRE DE LA MAISON DE TUDOR.

Marguerite Beaufort, seconde héritière des droits de Lancaster, ou de la Rose rouge. (*v. Tab. XLV.*) † 1509. E. *Edmond Tudor*, C. de Richemont, f. d'Owen Tudor et de la Reine Catherine de Valois, veuve du R. Henri V.

19. HENRI VII. surnommé TUDOR, R. après la victoire de Bosworth, 1485. † 1509. E. *Elisabeth*, f. du R. Edouard IV. seconde héritière des droits d'York ou de la Rose blanche 1486. (*v. Tab. XLV.*)

Arthur, P. de Galles, † 1502. E. *Catherine d'Aragon*.	*Marguerite*, née 1489. E. Jacques IV. Stuart, R. d'Ecosse. TIGE de la maison de STUART. (*v. Tab. XLVII.*)	20. HENRI VIII. né 1495. R. 1509. † 1547. E. 1. *Catherine d'Aragon*, f. de Ferdinand-le-Catholique, et veuve de son frère, 1509. répud. 1533. 2. *Anne de Boulen* 1533. décapitée 1536. 3. *Jeanne Seymour*, 1536. † en couches, 1537. etc., etc.	*Marie*, née 1498. † 1533. E. 1. *Louis XII*. R. de France 1514. † 1515. 2. *Charles Brandon*, D. de Suffolk 1517.

1.	2.	5.		
22. MARIE, n. 1516. R. 1553. † 1558. E. *Philippe II*. R. d'Espagne, 1554.	23. ELISABETH, née 1533. R. 1558. † 1603.	21. EDOUARD VI. n. 1537. R. 1547. † 1553.	*Françoise Brandon*, † 1563. E. *Henri Grey*, Marquis de Dorset, D. de Suffolk, décap. 1554.	

Jeanne Grey, née 1537. proclamée Reine 1553. décap. 1554. E. *Guilford Dudley*, f. de Jean, D. de Northumberland, 1553. décap. 1554.

TABLE XLVII.
ROIS DE LA GRANDE-BRETAGNE DE LA MAISON DE STUART.

Marguerite Tudor, f. aînée du R. Henri VII. (*v. Tab. XLVI.*) † 1539. E. *Jacques IV.* R. d'Ecosse de la maison de Stuart 1503. † 1513.

Jacques V. R. d'Ecosse, † 1542. E. 1. *Madelaine*, f. de François I. R. de France 1536. † 1537. 2. *Marie de Lorraine*, f. de Claude de Guise 1538. † 1560.

Marie Stuart, n. 1542. Reine d'Ecosse, 1542. de France 1559. décap. à Londres, 1587. E. 1.° *François II*. Roi de France, 1559. † 1560. 2.° *Henri Stuart*, Lord Darnley 1565. assassiné 1567.

14. JACQUES I. (VI.) né 1566. R. d'Ecosse 1567. d'Angleterre 1603. prend le titre de R. de la Grande-Bretagne 1604. † 1625. E. *Anne de Danemarck*, † 1619.

Elisabeth, née 1596. † 1661. E. *Frédéric V.* El. Palatin.	25. CHARLES I. né 1609. R. de la Grande-Bretagne 1625. décap. le 30 janv. 1649. v. st. E. *Henriette-Marie*, f. de Henri IV. R. de France 1625. † 1669.	

Sophie, née 1630. déclarée héritière du trône d'Angl. 1701. † le 18 juin 1714. E. *Ernest-Auguste*, premier Electeur d'Hanovre 1658. TIGE des Rois de la maison d'HANOVRE. *Table XLVIII.*	26. CHARLES II. né 1630. R. de la Grande-Bret. procl. le 18 mai 1660. † 1685. E. *Catherine*, f. de Jean IV. R. de Portugal.	*Marie*, née 1651. † 1661. E. *Guillaume II*. Pr. d'Orange 1641.	27. JACQUES II. né 1633. R. 1685. détrôné 1689. † 1701. E. 1. *Anne Hyde* 1660. † 1671. 2. *Marie de Modène* 1673.	*Henriette-Marie*, née 1644. † 1670. E. *Philippe I.* D. d'Orléans 1661.

28. GUILLAUME III. Pr. d'Orange, né 1650. proclamé R. de la Grande-Bretagne avec son épouse 1689. † 1702. E. MARIE, f. du R. Jacques II. 1677. † 1695.	28. MARIE, née 1662. proclamée R. avec son époux 1689. † 1695. E. GUILLAUME III. Pr. d'Orange 1677. † 1702.	29. ANNE, née 1665. R. 1702. † le 12 août 1714. E. *George*, Pr. de Danemarck, 1683. † 1708.	*Jacques-Edouard-François*, Prétend.

ROIS DE LA GRANDE-BRETAGNE
DE LA MAISON D'HANOVRE.

TABLE XLVIII.

ROIS DE LA GRANDE-BRETAGNE DE LA MAISON D'HANOVRE.

Sophie, f. de Frédéric V. El. Palatin, et d'Élisabeth d'Angleterre, (*v. Tab. XLVII. et LXXXV.*) née 1630. déclarée héritière du trône d'Angleterre 1701. † le 18 juin 1714. E. *Ernest-Auguste* premier El. d'Hanovre, mar. 1658. † 1698.

30. GEORGE I. né 1660. El. 1698. R. de la Grande-Bretagne 1714. † 1727. E. *Sophie-Dorothée*, Pr. de Brunswick-Zell, 1668. † 1726.

31. GEORGE II. né 1683. R. 1727. † 1760. E. *Wilhelmine-Dorothée-Charlotte*, Pr. de Brandebourg-Auspach, 1705. † 1737.

Frédéric-Louis, né 1707. Pr. de Galles, 1727. † 1751. E. *Auguste*, Pr. de Saxe-Gotha, 1736. † 1772. — *Guillaume-Auguste*, D. de Cumberland, né 1721. † 1765.

Auguste-Frédérique, n. 1737. E. *Charles-Guillaume-Ferdinand*, Pr. héréd. de Brunswick, 1764. D. régnant 1780. † 1806. — 32. GEORGE III. né 1738. R. 1760. E. *Sophie-Charlotte*, Pr. de Mecklenbourg-Strelitz, 1761. — *Guillaume-Henri*, D. de Gloucester, n. 1743 † 1805. E. *Marie*, f. d'Edouard Walpole, 1766. † 1807. — *Henri-Frédéric*, D. de Cumberland, né 1746. † 1790. E. *Anne*, f. de Simon Luttrel, C. de Carhampton 1771. † 1787.

Sophie-Mathilde, née 1773. — *Guillaume-Frédéric*, D. de Gloucester et d'Edimbourg, C. de Connaught, né 1776.

George-Frédéric-Auguste, Pr. de Galles, n. 1762. E. *Caroline-Amélie-Elisabeth*, Pr. de Brunswick-Wolfenbüttel, 1795. — *Frédéric*, D. d'Yorck, né 1763. E. *Frédérique-Charlotte-Ulrique*, f. de Frédéric R. de Prusse, 1791. — *Guillaume-Henri*, D. de Clarence, né 1765. — *Charlotte-Auguste-Mathilde*, née 1766. E. Frédéric, D. de Wurtemberg, 1797. R. 1806. — *Edouard-Auguste*, D. de Kent, C. de Dublin, né 1767. — *Auguste-Sophie*, née 1770. — *Elisabeth*, née 1770. — *Ernest-Auguste*, D. de Cumberland, né 1771. — *Auguste-Frédéric*, D. de Sussex, né 1773. E. *Auguste*, f. de John Murray, 1793. (Mariage annullé). — *Adolphe-Frédéric*, n. 1776. D. de Cambridge, 1774. — *Marie*, n. 1777. — *Sophie*, n. 1777. — *Amélie*, n. 1783.

Charlotte-Caroline, née 1796. — *George-Auguste*, né 1794. — *Mathilde-Charlotte*, née 1801.

TABLE XLIX.

STADHOUDERS DES PROVINCES-UNIES DES PAYS-BAS
DE LA MAISON DE NASSAU-ORANGE.

TABLE XLIX.

STADHOUDERS DES PROVINCES-UNIES DES PAYS-BAS DE LA MAISON DE NASSAU-ORANGE.

Guillaume dit *Le Vieux*, C. de Nassau, † 1559.

GUILLAUME I, hérit. de la Pr. d'Orange, Stadhouder de Hollande, de Zélande, d'Utrecht pour le R. d'Espagne 1559. chef des provinces de Hollande et de Zélande lors de la déclaration de l'indépendance, en 1581. assassiné 1584. — *Jean*, C. de Nassau, Stadhouder de Gueldre et de Zutphen, † 1606.

MAURICE, Pr. d'Orange, Stadhouder de Hollande, Zélande, Gueldre, Utrecht, Oberyssel, 1584 et 1589. Gouvern. Capitaine et Amiral-général 1587. † 1625. — HENRI-FRÉDÉRIC, Pr. d'Orange, Stadhouder de Gueldre, Hollande, Zélande, Utrecht, Oberyssel, Capitaine et Amiral-général 1625. † 1647. — *Ernest-Casimir*, C. de Nassau-Dietz, Stadhouder de Frise et de Groningue, † 1632.

GUILLAUME II. Pr. d'Orange, Stadhouder de Gueldre, Hollande, Zélande, Utrecht, Oberyssel, Capitaine et Amiral-général 1647. † 1650. E. *Marie*, f. de Charles I. R. d'Angleterre 1641. — *Guillaume-Frédéric*, Pr. de Nassau-Dietz, Stadhouder de Frise et de Groningue, † 1664.

GUILLAUME III. Pr. d'Orange, né 1650. exclu du stadhoudérat par l'Édit perpétuel, déclaré Stadhouder, Capitaine et Amiral-général héréditaire de Gueldre, Hollande, Zélande, Utrecht, Oberyssel, 1674. R. d'Angleterre 1689. † 1702. E. *Marie*, f. de Jacques II. R. d'Angleterre, 1677. — *Henri-Casimir*, Pr. de Nassau-Dietz, Stadhouder de Frise et de Groningue 1664. † 1696.

Jean-Guillaume-Frison, Pr. de Nassau-Dietz, Stadhouder de Frise et de Groningue 1696. Pr. d'Orange et héritier testamentaire de Guillaume III. † 1711.

GUILLAUME IV. Pr. d'Orange, Stadhouder de Frise, de Groningue, de Gueldre et de Zutphen 1711. 1718. 1722. proclamé Stadhouder héréditaire, Capitaine et Amiral-général de l'Union 1747 et 1748. † 1751.

GUILLAUME V. Pr. d'Orange, Stadhouder héréditaire, Capitaine et Amiral-général de l'Union, né 1748. prend l'exercice de ses fonctions 1766. se retire dans la Gueldre 1785. est rétabli par le R. de Prusse 1787. renonce au stadhoudérat en 1800. † 1806. E. *Frédérique-Sophie-Wilhelmine*, f. d'Auguste-Guillaume, Pr. de Prusse 1767.

TABLE I.

ROIS D'ÉCOSSE
DEPUIS LE DOUZIÈME SIÈCLE.

TABLE L.

ROIS D'ÉCOSSE DEPUIS LE DOUZIÈME SIÈCLE.

1. DAVID I, R. 1124. † 1153.
Henri, C. de Huntingdon, † 1152.

2. MALCOLM IV. R. 1153. † 1165.   3. GUILLAUME, R. 1165. † 1214.   David, C. de Huntingdon, † 1219.

4. ALEXANDRE II. R. 1214. † 1249.   Marguerite, E. Alan, C. de Galloway.   Isabelle, E. Robert Bruce.

5. ALEXANDRE III. R. 1249. † 1286. dernier mâle des anciens Rois.   Dervegilde, E. Jean Baillol, C. de Harcourt.   Robert Bruce, S. d'Annandale, C. de Carrik, † 1295.

Marguerite, † 1283. E. Eric, R. de Norwège 1281.   7. JEAN BAILLOL, déclaré R. d'Ecosse 1292. dépouillé par les Anglois 1296. † 1314.   Robert Bruce, C. de Carrik, † 1303.

6. MARGUERITE, R. 1286. † 1291.   10. ÉDOUARD BAILLOL, opposé à David II. 1332. chassé 1342. † 1363.   8. ROBERT I. BRUCE, s'érige en R. contre les Anglois 1306. † 1329.

Mariorie ou Margerie, E. Gautier Stuart, † 1328.   9. DAVID BRUCE, R. 1329. chassé par Edouard Baillol, 1332. rétabli 1342. † 1371.

11. ROBERT II. STUART, R. 1371. † 1390.

12. ROBERT III. STUART, R. 1390. † 1406.

13. JACQUES I. STUART, R. 1406. † assassiné 1437.

14. JACQUES II. STUART, R. 1437. tué au siége de Roxburgh 1460.

15. JACQUES III. STUART, R. 1460. tué dans une guerre civile 1488.

16. JACQUES IV. STUART, R. 1488. † tué à la bataille de Flowden-Hill 1513. E. Marguerite, f. de Henri VII. R. d'Anglet. 1503 (v. Tab. XLVI.)

17. JACQUES V. STUART, R. 1513. † 1542. E. 2. Marie de Lorraine 1538. (v. Tab. XLVII.)

18. MARIE STUART, née 1542. R. 1542. abdique 1567. décap. 1587. E. HENRI STUART, Lord Darnley, proclamé R. d'Ecosse 1565. assass. 1567.

19. JACQUES VI. R. d'Ecosse 1567. R. de la Grande-Bretagne 1603.
(v. Tab. XLVII.)

TABLE LI.

ROIS DE DANEMARCK,

DEPUIS LE DIXIÈME SIÈCLE JUSQU'A LA FIN DU QUATORZIÈME.

TABLE LI.

ROIS DE DANEMARCK, DEPUIS LE DIXIÈME SIÈCLE JUSQU'A LA FIN DU QUATORZIÈME.

1. HARALD BLAATAND, R. de tout le Danemarck, vers 941. embrasse le christianisme, † vers 991.

2. SUENON I. ou SUENOTTON, R. de Danemarck 991. de Norwège 1000. d'Angleterre 1015. † 1014.

3. CANUT II. dit LE GRAND, R. de Danemarck 1014. d'Angleterre 1017. de Norwège 1028. † 1036.   3. HARALD III. R. 1014. avec son frère, † . . . .   *Estrith*, E. *Ulf*, C. danois, f. de Thaugill Sprakaleg.

4. CANUT III. ou HARDECNUT, R. de Danem. 1036. d'Angiet. 1039. † 1041.   5. MAGNUS de Norwège, R. 1041. † 1047.   6. SUENON II. ESTRITHSON, s'érige contre le Roi Magnus 1044. † 1076.

7. HARALD IV. dit HEIN, R. 1076. † 1080.   8. CANUT IV. dit LE SAINT, R. 1080. assas. 1086. can. 1100.   9. OLOF, dit HUNGER, R. 1086. † 1095.   10. ERIC III. EJOGOD, R. 1095. † 1103.   *Suenon*, † 1104.   11. NICOLAS, R. 1104. tué 1134.

12. ERIC IV. EMUND s'érige contre le R. Nicolas 1131. assas. 1137.   *Ragnhild*, E. *Haquin Norsœna*.   *St. Canut*, dit *Laward*, D. de Sleswick, R. des Venèdes 1130. tué par Magnus 1131. can. 1171.   *Henri Skokul*.   *Magnus*, élu R. de Suède 1130. tué 1134.

14. SUENON III. dit GRATHE, s'érige en Roi avec Canut V. 1147. tué 1157.   13. ERIC V. dit LAM, R. 1137. † 1147.   15. WALDEMAR I. LE GRAND, s'érige contre Suenon III et maintient le trône en 1157. † 1182.   *Magnus*, R. de Suède 1160. † 1161.   *Boris* ou *Burislef*, R. de Gothie 1167. s'érige en R. 1147. assas. 1157.   14. CANUT V.

16. CANUT VI. R. 1182. † 1202.   17. WALDEMAR II. dit LE VICTORIEUX, R. 1202. † 1241.   *Waldemar*, f. nat. prend le titre de Roi en 1192.

17. WALDEMAR III. R. et Co-régent de son père 1219. † 1231.   18. SAINT-ERIC VI. dit PLOGPENNING, R. 1241. assassiné 1250. can. 1257.   19. ABEL, R. 1250. tué 1252.   20. CHRISTOPHE I. R. 1252. empois. 1259.

21. ERIC VII. dit GLIPPING, R. 1259. assassiné 1286.

22. ERIC VIII. dit MENVED, R. 1286. † 1319.   23. CHRISTOPHE II. R. 1320. † 1336.

24. WALDEMAR IV. R. élu après un interrègne de quatre ans 1340. † 1375.

Ingeburge, E. *Henri I*. D. de Mecklenbourg.   25. MARGUERITE, R. 1387. réunit les trois royaumes du Nord 1397. † 1412. E. *Haquin VII*. R. de Norwège.

Marie, E. *Wratislaw*, D. de Poméranie.   25. OLOF, élu R. de Danemarck 1376. † 1387.

27. ERIC LE POMÉRANIEN, R. de l'Union.   *Sophie*, E. *Jean*, C. Palatin du Rhin.

Table *LVIII*.   28. CHRISTOPHE III. dit LE BAVAROIS, R. de l'Union.

Table *LVIII*.

TABLE LII.

ROIS DE NORWEGE.

TABLE LII.

ROIS DE NORWÈGE.

1. HARALD HAARFÆGER, premier monarque de la Norwège vers 900. résigne 931. † 934.

2. ÉRIC BLODŒXE, R. 931. chassé 936. † 954.   Olof Geirslada Alf.   Biœrn, dit Le Marchand.   Alœfa, E. Torf-Einar.   Sigurd, dit Le Géant.   3. HÆKAN ou HAQUIN I. dit ADELSTAN, R. 936. tué 963.

4. HARALD II. dit GRAFELL, 950. tué...   Trygwe, tué vers 964.   Gudrod, tué vers 960.   Berglivota, Sigurd, Code.   Halfden.   7. SUENON I. f. de Harald Blaatand (v. Tab. LI.) R. 1000. † 1014.

6. OLOF I. TRYGWESON, R. vers 995. tué 1000.   Harald, dit Grœnske, † 998.   5. HÆKAN ou HAQUIN II. surnommé LE MAUVAIS, R. 970. † 995.   Sigurd Sirr, † 1018.   11. HARALD III. dit HAARDRÆDE, R. 1047. tué 1066.   9. SUENON II. f. de Canut-le-Grand, R. 1030. chassé 1035.

8. OLOF II. dit LE SAINT et LE GROS, vers 1016. chassé par Canut-le-Grand, en 1028. †. 1103.

10. MAGNUS I. dit LE BON, R. de Norwège 1035. de Danemarck 1041. † 1047.   12. MAGNUS II. R. 1066. † 1069.   13. OLOF III. dit LE PACIFIQUE, R. avec son frère 1066. seul 1069. † 1093.

14. MAGNUS III. dit BARFOD, R. 1093. tué 1103.

15. SIGURD I. dit JORSALAFAR, R. de la Norwège mérid. 1103. de toute la Norwège 1122. † 1130.   15. EYSTEN R. de la Norwège sept. 1103. †. 1122.   15. OLOF IV. R. d'une partie de la Norwège 1103. 1116.   17. HARALD IV. dit GILLE, R. 1135. assassiné 1136.

Christine E. Erling Skakke.   16. MAGNUS IV. dit l'AVEUGLE, R. 1130. dépouillé 1135. † 1139.   18. INGE I. dit LE BOSSU, R. 1136. tué 1161.   EYSTEN II. associé à son frère aîné 1142. tué 1157.   18. SIGURD II. dit BRONCH, R. avec son frère aîné 1136. tué 1155.   18. MAGNUS V. R. avec ses frères 1142. † jeune.

21. MAGNUS VI. ERLINGSON, R. 1162. tué par Suerrer 1185.   19. HÆKAN ou HAQUIN I. dit HERDEBRED, R. 1161. † 1162.   20. SIGURD III. R. 1162. tué 1163.   22. SUERRER, R. 1185. † 1202.   Cécile, E. Barde de Reine.

Sigurd Laward, † 1201.   23. HÆKAN ou HAQUIN IV. R. 1202. † 1204.   25. INGE II. R. 1205. † 1217.

24. GUTTORM, R. 1204. empoisonné 1205.   26. HÆKAN ou HAQUIN V. dit GAMLÉ, R. 1217. † 1263.

27. MAGNUS VII. dit LAGABÆTER, ou Réformateur des lois, R. 1263. † 1280.

28. ÉRIC R. 1280. † 1299.   29. HÆKAN ou HAQUIN VI. R. 1299. † 1319.

Marguerite, R. d'Érie. (v. Tab. L.)   Ingeburge. E. Eric de Suède, D. de Sudermannie, † 1318.

30. MAGNUS VIII. dit Sn.., R. de Norwège et de Suède 1319. résigne la Norwège à son fils 1350. † 1374.

31. HÆKAN ou HAQUIN VII. R. de Norwège 1350. de Suède 1361. déposé par les Suédois 1365. † 1380.   E. 33. MARGUERITE, f. de Waldemar IV. R. de Danemarck 1363. élu R. de Norwège 1388. † 1412.

32. OLOF V. R. de Danemarck 1376. de Norwège 1380. † 1387. (Tab. LI.)

TABLES LIII. LIV. LV. LVI ET LVII.

ROIS DE SUÈDE
ANTÉRIEURS A L'UNION DE CALMAR
DES TROIS ROYAUMES DU NORD.

TABLE LIII.
ROIS LODBROKIENS DE SUÈDE.

1. Olof (III.) dit Skœtkonung, embrasse le christianisme et prend le titre de *Roi de Suède* 1001. † 1026.

3. Emund (III.) dit Gammel, R. 1051. † 1056.   2. Anund Jaques, R. 1026. † 1051.

TABLE LIV.
ROIS DE SUÈDE DE LA RACE DE STENKILL.

4. Stenkill, R. 1056. † 1066.

5. Éric (VII.) R. 1066. tué 1067.   5. Éric (VIII.) R. 1066. tué 1067.   6. Haquin I. dit Rœde, R. 1067. † 1079.

7. Inge I. dit Le Bon, R. 1080. † vers 1112.   7. Halstan, R. avec son frère 1080. † 1090.

8. Philippe, R. 1112. † 1118.   9. Inge II. R. avec son frère 1112. règne seul 1188. † 1129.

TABLE LV.
ROIS DE SUÈDE DE LA RACE DE SUERKER.

10. Suerker I. f. de *Charles*, petit-fils de Blot-Swen, devient R. de Suède après de longs troubles 1133. assassiné 1155.

12. Charles VII. (I.) R. 1161. tué 1167.

14. Suerker II. dit Hack, R. 1199. tué 1210.

16. Jean I. dit Le Debonnaire, R. 1216. † 1222.

TABLE LVI.
ROIS DE SUÈDE DE LA RACE DE SAINT-ÉRIC.

11. Éric (IX.) f. de *Jedward Bonde*, élu R. 1155. tué 1161. canonisé 1264.

13. Canut, R. 1167. † 1199.

15. Éric (X.) dit L'Étique, R. 1210. † 1216.

17. Éric (XI.) dit Læspe, R. 1222. † 1250.

TABLE LVII.
ROIS FOLKUNGIENS DE SUÈDE.

Birger de Bicælbo, Jarl de Suède, Régent du royaume, † 1266.

18. Waldemar I. élu R. 1250. dépouillé 1275. † 1302.   19. Magnus I. dit Ladulæs, R. 1275. † 1290.

20. Birger, R. 1290. déposé 1319. † 1321.   Éric, D. de Sudermanie, † 1318. E. *Engeburge* de Norwège.

21. Magnus I. dit Smæk, élu R. de Suède 1319. R. de Norwège 1319. déposé par les Suédois 1363. noyé 1374.   *Euphémie*, † 1360. E. *Albert I.* D. de Mecklenbourg, † 1379.

21. Éric (XII.) élu R. de Suède 1350. † 1359.   21. Haquin II. R. de Norwège 1350. de Suède 1361. déposé avec son père par les Suédois 1363. † 1380. (*v. Tab. LII.*)   22. Albert de Mecklenbourg, R. élu 1363. déposé 1389. † 1412.

TABLES LVIII, LIX ET LX.

ROIS ET ADMINISTRATEURS
DES ROYAUMES DU NORD, PENDANT L'UNION.

ROIS DE DANEMARCK ET DE NORWÈGE
DE LA MAISON D'OLDENBOURG.

TABLE LVIII.
ROIS DE L'UNION
DES TROIS ROYAUMES DU NORD.

MARGUERITE, f. de *Waldemar IV*. R. de Danemarck, Reine des trois royaumes du Nord en 1389. fait l'union de Calmar 1397. † 1412.

ÉRIC (IX. XIII.) petit-neveu de la Reine *Marguerite*, élu R. de l'Union 1397. R. 1412. déposé 1439. † 1459.

CHRISTOPHE (III.) f. de *Jean*, C. Palatin du Rhin et de *Sophie de Poméranie*, (*v. Tab. LXXXIII*.) R. élu 1440. † 1448.

CHRISTIAN I. de la maison d'Oldenbourg, R. élu par les Danois 1448. par les Norwégeois 1450. par les Suédois 1457. chassé par ces derniers 1464. † 1481.

JEAN (I. II.) R. élu 1483. cour. par les Suéd. 1497. chassé par eux 1501. † 1513.

CHRISTIAN II. R. de Danemarck et de Norwège 1513. reconnu par les Suédois 1520. chassé par eux 1521. déposé par les Danois 1523. † 1559.

TABLE LIX.
ROI ET ADMINISTRATEURS DE SUÈDE
PENDANT L'UNION.

CHARLES VIII. (II.) f. de *Canut Bonde*, élu Administrateur 1439. R. 1448. chassé 1457. rétabli 1464. chassé de nouveau 1465. rappelé 1467. † 1470.

STÉNON STURE, dit L'AÎNÉ, f. de *Gustave Sture*, élu Administrateur 1471. résigne 1497. élu de nouveau 1501. † 1503.

SUANTE STURE, f. de *Nicolas Bosson Sture*, élu Administrateur 1504. † 1512.

STÉNON STURE, dit LE JEUNE, élu Administrateur 1512. blessé mortellement à la bataille de Bogesund, contre les Danois, le 19 janvier, † le 9 février 1520.

TABLE LX.
ROIS DE DANEMARCK ET DE NORWÈGE DE LA MAISON D'OLDENBOURG.

1. CHRISTIAN I. C. d'Oldenbourg (*v. Tab. CXVI*.) élu R. de Danemarck et de Norwège 1448. 1450. D. de Sleswick et de Holstein 1459. † 1481.

    2. JEAN, R. 1481. † 1513.   4. FRÉDÉRIC I. R. 1523. † 1533.

3. CHRISTIAN II. R. 1513. dép. 1523. † 1559.   5. CHRISTIAN III. élu R. 1534. † 1559.   Adolphe, † 1586.

6. FRÉDÉRIC II. R. 1559. † 1588.   Magnus, R. de Livonie † 1583.   Jean, † 1622.   des D. de HOLSTEIN-GOTTORP.
TIGE des branches de HOLSTEIN-AUGUSTENBOURG, et de HOLSTEIN-BECK.

7. CHRISTIAN IV. R. 1588. † 1648.

8. FRÉDÉRIC III. R. 1648. devient R. héréd. et absolu 1660. † 1670.   (*Tab. CXVI et CXIX*.)

9. CHRISTIAN V. R. 1670. † 1699.   George, Pr. de Danemarck, † 1708 E. *Anne-Stuart*, Pr. d'Angleterre 1683.
(*Tab. CXVII. et CXVIII*.)

10. FRÉDÉRIC IV. R. 1699. † 1730.

11. CHRISTIAN VI. R. 1730. † 1746.

12. FRÉDÉRIC V. R. 1746. † 1766. E. 1. *Louise*, f. de George II. R. d'Anglet. 1743. † 1751. 2. *Juliane-Marie*, de Brunswick-Wolfenbuttel 1752. † 1796.

13. CHRISTIAN VII. n. 1749. R. 1765. † 1808. E. *Caroline-Mathilde*, Pr. d'Angleterre 1766. † 1775.   Sophie-Madeleine, n. 1746. E. Gustave III. R. de Suède 1766. † 1792.   Wilhelmine, n. 1747. E. Guillaume I. El. de Hesse 1764.   Caroline, n. E. Charles, Pr. de Hesse 1766.   Louise, née 1750.   Frédéric, Pr. héréd. n. 1753. † le 7 déc. 1805. E. Sophie-Frédérique, Pr. de Mecklenbourg-Schwerin 1774. † 1794.

14. FRÉDÉRIC VI. n. 28 janv. 1768. déclaré Co-régent 1784. R. 1808. E. *Marie-Sophie-Frédérique*, f. de Pr. Charles de Hesse 1790.   Louise-Augustine, n. 1771. E. Frédéric-Christian, D. de Holstein-Augustenbourg.   Christian-Frédéric, n. 1786. E. Charlotte-Frédérique, Pr. de Mecklenbourg-Schwerin, 1806.   Juliane-Sophie, n. 1788.   Louise-Charlotte, n. 1789.   Ferdinand-Frédéric, n. 1792.

Caroline, n. 1793.   Wilhelmine-Marie, n. 1808.   Frédéric-Guillaume-Christian, n. 1808.

TABLES LXI, LXII ET LXIII.

ROIS DE SUEDE

des maisons de Wasa, Palatine de Deux-Ponts et d'Oldenbourg.

TABLE LXI.
ROIS DE SUÈDE DE LA MAISON DE WASA.

1. Gustave I. Wasa, f. d'*Éric Johansson*, Sénateur de Suède, décapité 1520, est élu Administrateur 1521. R. de Suède 1523. † 1560.

2. Eric XIV. R. 1560. déposé et enfermé 1569. † 1577.

3. Jean III. R. 1569. † 1592. E. *Catherine*, f. de Sigismond-Auguste, R. de Pologne 1562.

5. Charles IX. (III.) élu Administrateur 1594. R. de Suède 1600. † 1611. E. 1. *Marie*, f. de Louis VI. El. palatin 1569. † 1589. 2. *Christine*, Pr. de Holstein 1592.

4. Sigismond, élu R. de Pologne 1587. R. de Suède 1592. déposé par les Suédois 1600. † 1632.

Catherine, † 1692. E. Jean-Casimir, C. palatin de Deux-Ponts, vice des Rois de Suède, de la branche palatine de Deux-Ponts. (*Tab. LXII.*)

6. Gustave II. Adolphe, dit Le Grand, n. 1594. R. de Suède 1611. tué à la bataille de Lutzen le 6 novembre 1632.

Charles-Philippe, né 1601. D. de Sudermanie, élu tzar de Russie 1611. † 1622.

7. Christine, n. 1626. R. de Suède 1632. abdique la couronne 1654. † 1689.

TABLE LXII.
ROIS DE SUÈDE DE LA MAISON PALATINE DE DEUX-PONTS.

Catherine, f. du R. Charles IX. (*v. Tab. LXI.*) † 1692. E. Jean Casimir, C. palatin de Deux-Ponts 1615.

Christine-Madeleine, † 1662. E. *Frédéric VI*. Margr. de Bade-Dourlach, 1642.

8. Charles X. (IV.) Gustave II. 1622. R. de Suède 1654. † le 13 février 1660.

Frédéric-Magnus, Margr. de Bade-Dourlach, † 1709. E. *Auguste-Marie*, Pr. de Holstein-Gottorp.

9. Charles XI. (V.) n. 1655. R. 1660. D. de Deux-Ponts 1661. † 1697.

Albertine-Frédérique, † 1755. E. *Christian-Auguste*, Pr. de Holstein-Gottorp.

Hedwig-Sophie, n. 1681. † 1708. E. *Frédéric IV*. D. de Holstein-Gottorp 1698.

10. Charles XII. (VI.) n. 1682. R. 1697. tué au siège de Friedrichshall le 11 décembre 1718.

11. Ulrique-Éléonore, n. 1688. élue R. de Suède 1719. abdique en faveur de son époux 1720. † 1721. E. 12. Frédéric I. Pr. de Hesse-Cassel, élu R. de Suède 1720. † le 25 mars 1751.

Adolphe-Frédéric, élu successeur au trône de Suède 1743. Table LXIII.

TABLE LXIII.
ROIS DE SUÈDE DE LA MAISON D'OLDENBOURG OU DE HOLSTEIN-GOTTORP.

13. Adolphe-Frédéric, f. de *Christian-Auguste* de Holstein-Gottorp, Prévêque de Lubeck, (*v. Tab. CXVI et LXII.*) n. 1710. déclaré Prince royal de Suède 1743. R. 1751. † le 12 février 1771. E. *Louise-Ulrique*, Pr. de Prusse 1744. † 1782.

14. Gustave III. n. 1746. R. de Suède 1771. donne une nouvelle constitution au royaume le 21 août 1772. assassiné, † le 29 mars 1792. E. *Sophie-Madeleine*, Pr. de Danemarck, 1766.

16. Charles XIII. (II.) n. 1748. D. de Sudermanie, Gr. Amiral, Régent du royaume de 1792 à 1796. R. 1809. E. *Hedwige-Elisabeth-Charlotte* de Holstein-Oldenbourg 1774.

Frédéric-Adolphe, n. 1750. D. d'Ostrogothie, † 1803.

Sophie-Albertine, n. 1753.

15. Gustave IV. Adolphe, né le 1er novembre 1778. R. 1792. prend les rênes du gouvernement 1796. est déposé 1809. E. *Frédérique-Dorothée-Wilhelmine*, Pr. de Bade, n. 1781. m. 1797.

Gustave, ci-devant Pr. royal, né le 9 nov. 1799.

Sophie-Wilhelmine, née le 21 mai 1801.

Charles-Gustave, G. D. de Finlande, né le 2 décembre 1802. † le 10 sept. 1805.

Amélie-Marie-Charlotte, née le 22 février 1805.

Cécile, née 1807.

TABLE LXIV.

GRANDS-DUCS DU RUSSIE,

depuis Rurik jusqu'a Jaroslaw II. Wsewolodowitsch.

850—1238.

TABLE LXIV.

GRANDS-DUCS DE RUSSIE, DEPUIS RURIK JUSQU'A JAROSLAW II WSEWOLODOWITSCH.

1. RURIK, Grand-Duc vers 850. † 879.   2. OLEG, Grand-Duc ou Régent 879. † 913.

3. IGOR I. RURIKOWITSCH, Grand-Duc 913. † 945.   4. OLGA, Grande-D. ou Régente 945. † vers 970.

5. SWIATOSLAW I. IGOREWITSCH, Gr. Duc. 955. † 973.

6. JAROPOLK I. SWIATOSLAWITSCH, Gr. D. 973. † 980.   WLADIMIR I. SWIATOSLAWITSCH dit LE GRAND, Gr. D. 980. † 1015.

8. SWIATOPOLK I. WLADIMIROWITSCH, Gr. Duc 1015. † 1018.   9. JAROSLAW I. WLADIMIROWITSCH, Gr. D. 1018. † 1054.

10. ISIASLAW I. JAROSLAWITSCH, Gr. D. 1054. 1077. † 1078.   11. SWIATOSLAW II. JAROSLAWITSCH, Gr. D. 1073. † 1076.   12. WSEWOLOD I. JAROSLAWITSCH, Gr. D. 1078. † 1093.   *Anne*, E. *Henri I.* roi de France.

13. SWIATOPOLK II. ISIASLAWITSCH, Gr. D. 1093. † 1113.   *Oleg Swiatoslawitsch*, † 1115.   *David Swiatoslawitsch.*   14. WLADIMIR II. WSEWOLODOWITSCH MONOMAQUE, Gr. D. 1113. † 1125.

18. WSEWOLOD II. OLGOWITSCH, Gr. D. 1138. † 1146.   19. IGOR II. OLGOWITSCH, Gr. D. 1146. tué 1147.   22. ISIASLAW III. DAVIDOWITSCH, Gr. D. 1157. † 1161.   15. MSTISLAW WLADIMIROWITSCH, Gr. Duc 1125. † 1132.   16. JAROPOLK II. WLADIMIROWITSCH, G. D. 1132. † 1138.   17. WIÆTSCHISLAW WLADIMIROWITSCH, Gr. D. 1138. † 1154.   21. JURIE I. WLADIMIROWITSCH DOLGOROUKOI, Gr. D. 1149. 1151. 1154. bâtit Moscou 1156. † 1157. *Tige des Grands-Ducs de Wladimir et de Moscou.*

20. ISIASLAW II. MSTISLAWITSCH, Gr. D. à Kiow 1146. 1150. † 1154. TIGE des Grands-Ducs de KIOW, des Pr. de HALICZ et de WLADIMIR en Volhynie.   23. ROSTISLAW MSTISLAWITSCH, à Kiow 1153. 1159. † 1164.   24. ANDREI I. JURIEWITSCH BOGOLUBSKOI, Gr. D. établit son siége à Wladimir sur la rivière de Kliasma en 1157. † 1175.   25. MICHAÏL I. JURIEWITSCH, Gr. D. à Wladimir 1175. † 1177.   26. WSEWOLOD III. JURIEWITSCH, Gr. D. à Wladimir 1177. bâtit Twer 1182. † 1213.

28. CONSTANTIN WSEWOLODOWITSCH, P. de Roslow, s'érige en Gr. D. contre Jurie son frère 1217. † 1218.   27. JURIE II. WSEWOLODOWITSCH, déclaré par le père Gr. D. de Wladimir 1213. tué dans une bataille contre les Mongols 1238.   29. JAROSLAW II. WSEWOLODOWITSCH, Gr. D. de Wladimir 1238.

Tab. LXV.

TABLES LXV ET LXVI.

GRANDS-DUCS ET TZARS DE RUSSIE,

depuis 1238 jusqu'en 1613.

TABLE LXV.

GRANDS-DUCS ET TZARS DE RUSSIE, DEPUIS JAROSLAW II WSEWOLODOWITSCH JUSQU'A FÉDOR IWANOWITSCH.

29. JAROSLAW II. WSEWOLODOWITSCH, Gr. D. de Wladimir 1238. † 1245. *Tab. LXIV.*

30. ALEXANDRE I. JAROSLAWITSCH NEWSKOI, Gr. D. de Wladimir 1245. † 1263. canonisé. — *Andrej Jaroslawitsch*, Pr. de Susdal. — 31. JAROSLAW III. JAROSLAWITSCH, Gr. D. de Wladimir 1263. réside à Twer, † vers 1270. — 32. WASILY I. JAROSLAWITSCH, KOSTROMSKOI, Gr. D. de Wladimir 1270. † vers 1275.

33. DMITRY I. ALEXANDROWITSCH, Gr. D. de Wladimir vers 1275.† vers 1294. — 34. ANDREJ II. ALEXANDROWITSCH, Gr. D. de Wladimir 1281. † vers 1304. — 35. DANIEL ALEXANDROWITSCH, Gr. D. vers 1294. † vers 1303. — *Wasily Andrejéwitsch*, Pr. de Susdal. — 37. MICHEL ou MICHAÏL II. JAROSLAWITSCH, Gr. D. de Wladimir vers 1305. † vers 1317. *Souche des Grands-Ducs de* TWER.

36. JURIE III. DANILOWITSCH, Gr. D. de Wladimir 1320. † vers 1328. — 39. IWAN I. DANILOWITSCH, surnommé KALITA, Gr. D. fixe sa résidence à Moscou vers 1328. † vers 1340. — *Constantin Wasiliéwitsch*, Pr. de Susdal. — *Dimitry Michaïlowitsch*, Gr. D. de Twer, mis par quelques-uns au nombre des Gr. D. de Wladimir 1326. — 38. ALEXANDRE II. MICHAÏLOWITSCH, Gr. D. de Twer, mis vulgairement au nombre des Gr. D. de Wladimir 1327. † 1339.

40. SEMEN ou SIMÉON IWANOWITSCH, Gr. D. de Moscou, 1340. † 1353. — 41. IWAN II. IWANOWITSCH, Gr. D. de Moscou, 1353. † 1359. — 42. DMITRY II. CONSTANTINOWITSCH, Pr. de Susdal, Gr. D. de Moscou 1359. déposé 1362. † 1384.

43. DMITRY III. IWANOWITSCH, surnommé DONSKOI, Gr. D. de Moscou 1362. † 1389.

44. WASILY II. DMITRIÉWITSCH, Gr. D. de Moscou 1389. † 1425.

45. WASILY III. WASILIÉWITSCH, dit TEMNOI, Gr. D. de Moscou 1425. † 1462.

46. IWAN III. WASILIÉWITSCH, Gr. D. de Moscou 1462. secoue le joug des Tatars, † 1505.

47. WASILY IV. IWANOWITSCH, Gr. D. de Moscou, prend le titre de Tzar, † 1533.

48. IWAN IV. WASILIÉWITSCH, Gr. D. de Moscou et Tzar 1533. conquérant de Kazan et d'Astracan, † 1584.

49. FÉDOR IWANOWITSCH, Tzar de Russie 1584. † 1598. — *Dmitry Iwanowitsch*, n. 1582. tué 1591.

TABLE LXVI.

TZARS DE RUSSIE DE DIFFÉRENTES MAISONS.

* *

Fédor Godunow.

50. BORIS FÉDOROWITSCH GODUNOW, élu Tzar 1598. † 1605.

51. FÉDOR BORISSOWITSCH GODUNOW, Tzar 1605. tué le 12 juin 1605.

* *

53. WASILY IWANOWITSCH SCHUISKOI, élu Tzar 1606. déposé 1610. † 1611.

52. *Grigorei* ou *Grischka Otrépiew*, nommé DMITRY-IWANOWITSCH ou le *Faux Demetrius*, cour. Tzar à Moscou 1605. tué 1606.

* *

54. WLADISLAW, f. de *Sigismond III.* R. de Pologne, élu Tzar 1610. abandonné 1613.

TABLES LXVII, ET LXVIII.

TZARS ET EMPEREURS DE RUSSIE,

DES MAISONS DE ROMANOW ET DE HOLSTEIN-GOTTORP.

TABLE LXVII.

TZARS ET EMPEREURS DE RUSSIE DE LA MAISON DE ROMANOW.

55. Michaïl Fédrowitsch Romanow, élu Tzar 1613. † 1645.

56. Alexis Michailowitsch, Tzar 1645. † 1676.

57. Fédor Alexié-witsch, Tzar 1676. † 1682. — 58. Sophie, Co-regente et Autocratrice 1686. enfermée 1689. † 1704. — 58. Iwan V. Alexiéwitsch, proclamé Tzar 1682. † 1696. — 58. Pierre Alexiewitsch, dit Le Grand, n. 1672. Tzar 1682. prend seul les rênes du gouvernement 1689. *Empereur de Russie* 1721. † 1725. E. 1. *Eudoxie Fédorowna Lapouchin*; répudiée 1696. † 1731. 2. 59. Catherine I. Alexiewna, m. 1707. 1712. couronnée Impératrice 1724. succède à son époux 1725. † 1727.

Catherine Iwanowna, † 1733. E. *Charles-Léopold*, D. de Mecklenbourg 1716.

Catherine-Christine, prend le nom d'*Anne* 1732. Gr. D. et Rég. 1740. exilée et enfermée 1741. † 1746. E. *Antoine-Ulric*, Pr. de Brunswick 1739. † 1775.

61. Anne Iwanowna, née 1693. élue Imp. de Russie 1730. † 1740. E. *Frédéric-Guillaume*, D. de Courlande 1710. † 1711.

1. *Alexis Pédrowitsch*, n. 1690. † 1718. E. *Charlotte*, Pr. de Brunswick-Blanckenbourg, m. 1711. † 1715.

60. Pierre II. Alexiéwitsch, n. 1715. Empereur de Russie 1727. † 1730.

2. *Anne Pétrowna*, n. 1708. † 1728.

Table LXVIII.

63. Élisabeth Pétrowna, née 1709. Impératrice de Russie par la déposition d'Iwan VI. le 5 déc. 1741. † le 5 janv. 1762.

62. Iwan VI. Antonowitsch, n. le 23 août 1740. proclamé Empereur le 18 octobre 1740. exilé avec sa mère 1741. † 1764.

TABLE LXVIII.

EMPEREURS DE RUSSIE DE LA MAISON D'OLDENBOURG OU DE HOLSTEIN-GOTTORP.

Anne Pétrowna, f. de Pierre-le-Grand et de Catherine I. (*Tab. LXVII.*) n. 1708. † 1728. E. *Charles-Frédéric*, D. de Holstein-Gottorp 1725. † 1739.

64. Pierre III. Fédorowitsch, n. 1728. déclaré Gr. D. et héritier du trône 1742. Emp. le 5 janvier 1762. détrôné le 9 juillet, † le 14 juillet 1762. E. 65. Catherine II. Alexiewna, Pr. d'Anhalt-Zerbst, n. 1729. m. 1745. proclamée Impératrice de Russie le 9 juillet 1762. † le 17 novembre 1796.

66. Paul Pédrowitsch, n. 1754. Emp. de Russie le 17 novembre 1796. † le 24 mars 1801. E. 1. *Natalie Alexiewna*, Pr. de Hesse-Darmstadt 1773 † 1776. 2. *Marie Fédorowna*, Pr. de Wirtemberg-Montbéliard, n. 1759. m. 1776.

67. Alexandre Pawlowitsch, né le 25 décembre 1777. Empereur de Russie 1801. E. *Elisabeth Alexiewna*, f. de Charles-Louis, P. héréditaire de Bade, n. 1779. m. 1793. — *Constantin Pawlowitsch*, n. le 8 mai 1779. E. *Anne Fédorowna*, Pr. de Saxe-Cobourg, n. 1781. m. 1796. — *Marie Pawlowna*, n. 1786. E. *Charles-Frédéric*, Pr. héréditaire de Saxe-Weimar 1805. — *Catherine Pawlowna*, n. 1788. E. *George* (Pierre-Frédéric), Pr. de Holstein-Oldenbourg 1809. — *Anne Pawlowna*, née 1795. — *Nicolas Pawlowitsch*, n. 1796. — *Michel Pawlowitsch*, n. 1798.

Elisabeth, n. 15 novembre 1806. † 1808.

TABLES LXIX ET LXX.

DUCS ET ROIS PIASTS DE POLOGNE.

GRANDS-DUCS DE LITHUANIE AVANT JAGELLON.

TABLE LXIX.
DUCS ET ROIS DE POLOGNE DE LA MAISON DES PIASTS.

1. MIECZYSLAW ou MIESZKO I. D. vers 962. se fait chrétien 966. † 992.

2. BOLESLAW I. dit CHROBRY ou LE VAILLANT, D. 992. prend la dignité royale 1025. † 1025.

3. MIECZYSLAW ou MIESZKO II. R. 1025. dépose la dignité royale 1032. † 1034.

4. KAZIMIERZ ou CASIMIR I. D. 1041 ou 1047. après un grand interrègne, † 1058.

5. BOLESLAW II. dit LE HARDI, D. 1058. reprend la dignité royale 1077. dép. par le Pape 1079. † 1081.   6. WLADYSLAW I. HERMAN, D. 1081. † 1102.

7. BOLESLAW III. dit KRZYWOUSTI ou BOUCHE DE TRAVERS, D. 1102. † 1138.

8. WLADYSLAW II. D. 1138. chassé 1146. † 1159. TIGE des D. de SILÉSIE.   9. BOLESLAW IV. dit LE CRÉPU, D. 1146. † 1173. *Otton*, † avant son père.   10. MIECZYSLAW ou MIESZKO III. dit LE VIEUX, D. 1173. chassé 1177. établi 1199. 1201. † 1202.   12. WLADYSLAW III. dit LASKONOGI, D. 1202. déposé 1207. † 1231.   11. KASIMIERZ ou CASIMIR II. dit LE JUSTE, D. 1177. † 1194.   13. LESZKO ou LESZEK, dit LE BLANC, D. 1194. 1207. tué 1227.   *Conrad*, D de Cujavie et de Masovie, † 1247.

Wladyslaw Odonicz, D. de Kalisch et de Posnanie, † 1239.   14. BOLESLAW V. dit WSTYDLIWY ou LE CHASTE, D. 1227. † 1279.   *Casimir*, D. de Cujavie, † 1268.   *Ziémovit*, † 1262 TIGE des Ducs de MASOVIE, éteints en 1521.

Przémyslaw I. D. de Gnesne et de Posnanie, † 1257.   15. LESZKO ou LESZEK dit LE NOIR, D. 1279. † 1289.   *Ziémomysl*, † 1287. TIGE des D. de CUJAVIE, éteints en 1398.   18. WLADISLAW IV, dit LOKIETEK ou LE NAIN, couronné R. de Pologne 1320. † 1333.

16. PRZÉMYSLAW II POGROBEK, prend le titre de R. de Pologne 1295. tué 1296.   *Elisabeth*, † 1381. E. *Charles-Robert*, R. de Hongrie.   19. KASIMIERZ ou CASIMIR III. dit LE GRAND, R. de Pologne 1333. † 1370.

Elisabeth Richsa, † 1336. E. 17. WENCESLAW, R. de Bohême, cour. R. de Pologne 1300. † 1305.   20. LOUIS, dit LE GRAND, R. de Hongrie 1342. de Pologne 1370. † 1382.

21. HEDWIGE, élue R. de Pologne 1382. cour. 1384. † 1399.   *Wladislaw Jagellon*, Gr. D. de Lithuanie 1386.
Voyez TABLE LXXI.

TABLE LXX.
GRANDS-DUCS DE LITHUANIE ANTÉRIEURS A JAGELLON.

1. RINGOLD, s'érige en G. D. ou Grand-Prince de Lithuanie vers 1230.   *Uten*, Pr. de l'ancienne Lithuanie et de la Samogitie.

2. MENDOG ou MINDOWE, G. D. vers 1238. déclaré R. de Lithuanie par le Pape 1254. † en 1263.   *N*.... quefille.   5. SUINTOROG, Grand-Duc vers 1268. † 1270.

6. GIEDMOND, Gr. D. 1270. † 1275.

4. WOLSTINIK, G. D. 1264. † tué 1267.   3. TROYNAT, G. D. 1263. assassiné 1264.   7. GILIGIN, G. D. 1275. † 1278.   9. TRAB, G.D. vers 1280.

N.... père incertain.   8. ROMUND, Gr. D. 1278. † vers 1279.

10. NARIMUND, Gr. D. vers 1280.   11. TROYDEN, Gr. D. vers 1281.   12. WITEN, Gr. D. vers 1282. † 1315.

13. GEDIMIN, (selon quelques-uns de *Witen*) Gr. D. 1315. † 1328.

14. JAWNUT, Gr. D. vers 1328. dép. par ses frères 1330. † après 1366.   15. OLGIERD, Gr. D. vers 1330. † 1381.   15. *Kjeystut* associé au gouv. par son frère Olgierd 1350. s'érige contre Jagiel 1382. tué 1382.

16. JAGIEL ou JAGELLON, Gr. D. 1381. élu R. de Pologne 1386. Tab. LXXI.   17. SKIRGELLO ou CASIMIR I. Gr. D. sous la souv. de la Pologne 1387. dépouillé 1392. † 1394.   19. SUIDRIGEL ou BOLESLAW I. Gr. D. sous la Pologne 1430. dépouil. 1432. † 1452.   18. WITOLD ALEXANDRE I. Gr. D. sous la Pologne 1392. † 1430.   20. SIGISMOND I. G. D. sous la Pologne 1432. † 1440.

TABLES LXXI ET LXXII.

ROIS DE POLOGNE,

depuis Jagellon jusqu'a Stanislas Poniatowski.

TABLE LXXI.
ROIS DE POLOGNE ET GRANDS-DUCS DE LITHUANIE DE LA MAISON DE JAGELLON.

22. WLADYSLAW V. dit JAGIEL ou JAGELLON, f. d'*Olgjerd*, Gr. D. de Lithuanie, est élu R. de Pologne, baptisé et couronné 1386. †⸗1434. E. *Hedwige*, f. de Louis-le-Grand, (*Tab. LXIX.*).

23. WLADYSLAW VI. R. de Pologne 1434. de Hongrie 1440. tué à la bataille de Varna 1444. — 24. (1.) CASIMIR IV. (II.) Gr. D. de Lithuanie 1440. R. de Pologne 1445. † 1492. E. *Elisabeth*, f. d'Albert d'Autriche et d'Elisabeth de Luxembourg.

Wladyslaw, R. de Hongrie et de Bohême. *Tables LXXIV et LXXVIII*. — 25. JEAN I. ALBERT, R. de Pologne 1492 † 1501. — 26. (22.) ALEXANDRE (II.) Gr. D. de Lithuanie 1492. R. de Pologne 1501. † 1506. — 27. (23.) SIGISMOND I. (II.) R. et Gr. D. 1506. † 1548.

28. (24.) SIGISMOND II. (III.) AUGUSTE, R. et Gr. D. 1548. † 1572.

TABLE LXXII.
ROIS ÉLECTIFS DE POLOGNE DE DIFFÉRENTES MAISONS.

* * *

29. HENRI DE VALOIS, f. de Henri II. R. de France, élu R. de Pologne 1573. décl. déchu du trône 1575. — 30. ÉTIENNE BATHORI, Pr. de Transilvanie, élu R. de Pologne 1575. † 1586. — 31. SIGISMOND III. f. de *Jean III.* R. de Suède, élu R. de Pologne 1587. † 1632.

32. WLADYSLAW VII. élu Gr. D. de Russie 1610. R. de Pologne 1632. † 1648. — 33. JEAN CASIMIR, élu R. de Pologne 1648. abdique 1668. † 1672.

* * *

34. MICHEL KORYBUT WISNIOWIECZKI, issu d'*Olgjerd*, Gr. D. de Lithuanie, élu R. de Pologne 1669. † 1673. — 35. JEAN SOBIESKI, élu R. de Pologne 1674. † 1696. — 36. AUGUSTE II. El. de Saxe 1694. élu R. de Pol. 1697. dép. 1704. rétabli 1709. † 1733.

38. AUGUSTE III. Electeur de Saxe, élu R. de Pologne 1733. † 1763.

37. STANISLAS LESZCZYNSKI, élu R. de Pologne 1704. chassé 1709. réélu 1733. abdique la couronne 1736. D. de Lorraine et de Bar 1737. † 1766. — 39. STANISLAS-AUGUSTE PONIATOWSKI, dernier R. de Pologne élu 1764. résigne la couronne 1795. † 1798.

TABLE LXXIII.

DUCS ET ROIS SLAVONS DE BOHÊME.

TABLE LXXIII.

DUCS ET ROIS SLAVONS DE BOHÉME.

1. Borziwoy, D. se fait chrétien vers 894. † vers 895.

2. Spitignew I. D. 895. † vers 921.   3. Wratislaw I. D. 921. † 925.

4. Wenceslaw I. dit Le Saint, D. 925. assassiné 936.   5. Boleslaw I. surnommé Le Cruel, D. 936. † 967.

6. Boleslaw II. dit Le Pieux, D. 967. † 999.   *Dambrowka*, E. *Mieszko*, D. de Pologne.

7. Boleslaw III. dit Le Roux, D. 999. dépouillé 1002. † 1037.   9. Jaromir, D. 1003. dépouillé 1012. † 1038.   10. Udalric ou Ulric I. D. 1012. † 1037.   8. Wladiboy, D. 1002. † 1003.

11. Brzétislaw I. D. 1037. † 1056.

12. Spitignew II. D. 1055. † 1061.   13. Wratislaw II. D. 1061. décoré de la dignité royale 1086. † 1093.   14. Conrad I. D. 1093. † 1093.   *Otton I.* D. de Brunn et d'Olmutz, † 1086.

15. Brzétislaw II. D. 1093. † 1100.   16. Borziwoy II. D. 1100. chassé 1107. † 1124.   18. Wladislaw I. D. 1109. † 1125.   19. Sobieslaw I. D. 1126. † 1140.   17. Suatopluk, D. 1107. assassiné 1109.

20. Wladislaw II. D. 1140. décoré de la dignité royale 1158. résigne 1173. † 1174.   *Henri*, D. de Znaym, † après 1169.   22. Sobieslaw II. D. 1174. dépouillé 1178. † 1180.   24. Wenceslaw II. D. 1191. chassé 1192. † 1193.

21. Frédéric, D. 1173. déposé 1174. rétabli contre Sobieslaw II. 1178. † 1189.   27. Przémysl Ottokar I. D. 1092. dépouillé 1193. rétabli 1197. R. 1198. † 1230.   26. Wladislaw III. D. 1197. résigne 1197. † 1222.   25. Henri Brzétislaw, D. 1193. † 1197.   23. Conrad II. Otton, succède au D. Frédéric 1189. † 1191.

28. Wenceslaw III. R. 1230. † 1253.

29. Przémysl Ottokar II. R. 1253. tué à la bataille du Marchfeld 1278.

30. Wenceslaw IV. R. de Bohème 1278. de Pologne 1300. † 1305. E. 1. *Judithe*, f. de l'Empereur Rodolphe I. † 1297. 2. *Elisabeth*, f. de Przémyslaw, R. de Pologne, † 1337.

* *

31. Wenceslaw V. (III.) R. de Hongrie 1301. de Bohème et de Pologne 1305. assassiné 1306.   *Anne*, † 1313. E. 33. Henri, D. de Carinthie, R. de Bohème 1307. chassé 1310. † 1331.   *Elisabeth*, † 1330. E. *Jean I.* de Luxembourg.   32. Rodolphe d'Autriche, f. de l'Emp. *Albert I.* créé R. de Bohème par son père 1306. † 1307. E. *Elisabeth*, veuve du R. Wenceslas IV. mar. 1306. † 1336.

Table *LXXIV*.

TABLES LXXIV ET LXXV.

ROIS DE BOHÊME,
DES MAISONS DE LUXEMBOURG ET DE LITHUANIE.

ROIS DE HONGRIE,
DEPUIS ÉTIENNE I. JUSQU'A ÉTIENNE II.
1309—1131.

TABLE LXXIV.

ROIS DE BOHÊME DES MAISONS DE LUXEMBOURG ET DE LITHUANIE.

33. JEAN I. dit L'AVEUGLE, C. de Luxembourg, f. de l'Empereur *Henri VII.* (*Tab. XVII.*) est déclaré R. de Bohême 1309. † 1346. E. ÉLISABETH, f. du R. *Wenceslaw IV* (*Table LXXIII.*).

34. CHARLES I. R. de Bohême 1346. R. d'Allemagne et Emp. 1346. 1349. réunit la Silésie et la Lusace 1355. 1370. † 1378.

35. WENCESLAW VI. R. de Bohême et d'Allemagne 1378. † 1419.   36. SIGISMOND, R. de Hongrie 1387. R. d'Allemagne 1411. R. de Bohême 1419. † 1437. E. *Barbe de Cilley*.

Elisabeth, hérit. des R. de Hongrie et de Bohême, † 1442. E. 37. ALBERT I. D'AUTRICHE, R. de Hongrie, de Bohême et d'Allemagne 1438. † 1439.

Elisabeth, † 1505. E. *Casimir IV*. R. de Pologne † 1492.   38. WLADISLAW IV. ou LADISLAS, dit LE POSTHUME, R. de Boh. 1440. cour. 1453. † 1457.

40. WLADISLAW V. R. de Bohême, élu et couronné 1471. R. de Hongrie 1490. † 1516.   49. GEORGE PODIEBRAD,

Anne, hérit. des R. de Hongrie et de Bohême 1526. † 1547.   41. LOUIS, R. de Bohême et de Hongrie 1516.   R. de Bohême, élu et couronné
E. *Ferdinand*, Archiduc d'Autriche.   1516. tué à la bataille de Mohacz 1526.   1458. † 1471.

Table LXXIX.

TABLE LXXV.

ROIS DE HONGRIE, DEPUIS ÉTIENNE I. JUSQU'A ÉTIENNE II.

Arpad, Duc ou Prince des Hongrois, s'établit sur le Danube vers 887. † 907.

Zoltan, D. ou Pr. des Hongrois 907. † 961.

Toxun, D. ou Pr. des Hongrois 958. † vers 971.

Geysa, D. ou Pr. des Hongrois vers 971. se fait chrétien 994. † 997.   *Michel*, Pr. des Hongrois.

1. ÉTIENNE I. dit S. ÉTIENNE,   *Sarolta*, E. 3. SAMUEL,   *Gisèle*, E. *Otton*,   *Ladislas*, dit *Le*
Pr. des Hongrois 997. R. 1000.   dit ABA, R. 1041. chassé   *Orseolo*, Doge ou   *Chauve*, † vers
† 1038. canonisé 1083.   et tué 1044.   D. de Venise.   1031.

Saint-Eméric, † 1031. can. 1083.   2. PIERRE, R. 1038. chassé 1041. rétabli   4. ANDRÉ I. R.   5. BELA I. dit LEVENTA, R.
                         1044. dépouillé et aveuglé 1046. † 105...   1046. † 1061.   1060. † 1061.

               6. SALOMON, R. 1063.   7. GEYSA I. dit LE GRAND,   8. S. LADISLAS I. R.   *Lambert*, †
               dép. 1074. † 1087.   R. 1074. † 1077.   1077. † 1095 canonisé   vers 1096.
                                                                 1192.

                              9. COLOMAN, R. 1095. † 1114.   *Table LXXVI.*

                              10. ÉTIENNE II. R. 1114. † 1131.

TABLES LXXVI ET LXXVII.

ROIS DE HONGRIE DEPUIS BÉLA II JUSQU'A OTTON DE BAVIÈRE.

ROIS DE HONGRIE
DE LA MAISON D'ANJOU.

TABLE LXXVI.

ROIS DE HONGRIE DEPUIS BELA II. JUSQU'A OTTON DE BAVIÈRE.

Lampert, f. du R. Bela I (*v. Tab. LXXV.*)

Almus, D. † 1127.

11. BELA II. dit L'AVEUGLE, R. 1131. † 1141.

12. GEYSA II. R. 1141. † 1161.   15. ETIENNE IV. R. 1162. † 1163.   14. LADISLAS II. R. 1161. 1164. † 1172.

13. ETIENNE III. R. 1161. détrôné 1161. rétabli 1163. † 1173.   16. BELA III. R. 1173. † 1196.

17. EMÉRIC, R. 1196. † 1204.   19. ANDRÉ II. surnommé DE JÉRUSALEM, R. 1205. † 1235.

18. LADISLAS III. dit L'ENFANT, R. 1204. † 1205.   20. BELA IV. R. 1235. † 1270.   *Coloman*, R. de Halitsch † 1241.   *Etienne* dit *Le Posthume*, E. *Catherine Morosini*, f. d'un noble Vénitien.

21. ETIENNE V. R. 1270. † 1272.   *Anne*, E. *Rostislaw*, Pr. de Halicz.   *Elisabeth*, E. *Henri*, D. de Baviere.   23. ANDRÉ III. dit LE VÉNITIEN, R. 1290. † 1301. dernier mâle du sang d'Arpad.

22. LADISLAS IV. dit LE CUMAN, R. 1272. assassiné 1290.   *Marie*, † 1323. E. *Charles II.* R. de Naples.   *Cunegonde*, E. *Przemysl Ottokar II.* R. de Bohême.   25. OTTON DE BAVIÈRE, R. 1305. se retire en Baviere 1308. † 1312.

Tab. LXXVII.   *Wenceslas IV.* R. de Bohême.

24. WENCESLAS, élu R. de Hongrie 1301. quitte 1304. † 1306.

TABLE LXXVII.

ROIS DE HONGRIE DE LA MAISON D'ANJOU.

Marie de Hongrie, f. du R. Etienne V. (*Tab. LXXVI.*) † 1323. E. Charles II. R. de Naples, 1509. (*Tab. XXXIV.*)

Charles, dit *Martel*, opposé au roi André III. 1290. † 1295.   *Jean*, D. de Duras, 1334.

26. CHARLES I. ROBERT, élu R. 1308. † 1342.   *Louis*, C. de Gravina, † 1362.

27. LOUIS I. dit LE GRAND, R. de Hongrie 1342. de Pologne 1370. † 1382.   *André*, R. de Naples, † 1345.   29. CHARLES II. surnommé LE PETIT, R. de Naples, cour. R. de Hongrie 1385. assassiné 1386.

28. MARIE I. R. 1382. † 1395. E. 30. SIGISMOND DE LUXEMBOURG, f. de l'Emp. *Charles IV.* (*Tab. XVII.*) couronné R. de Hongrie et associé au trône 1388. R. d'Allemagne et Emp. 1411. R. de Bohême 1419. † 1437.   *Hedwige*, R. de Pologne. E. *Jagellon*. (*Tab. LXIX.*)   *Ladislas*, dit *Le Magnanime*, R. de Naples 1386. opposé au roi Sigismond 1397. † 1414.

TABLES LXXVIII ET LXXIX.

ROIS DE HONGRIE, DEPUIS 1437.

TABLE LXXVIII.

ROIS DE HONGRIE DE DIFFÉRENTES MAISONS.

* *

33. WLADISLAW ou ULADISLAS I. f. de *Wladislaw Jagellon*, R. de Pologne (*Tab. LXXI*.) élu et cour. R. de Hongrie 1440. tué à la bataille de Varna 1444.

* *

Jean de Hunyad, Gouv. de Hong. 1446. † 1456.

35. MATTHIAS I. CORVIN, élu R. de Hongrie 1458. † 1490.

32. ÉLISABETH, f. de *Sigismond de Luxembourg*, et de *Barbe de Cilley*, (*Tab. LXXIV*.) R. avec son époux 1437. seule 1439. † 1442. E. 31. ALBERT D'AUTRICHE, élu R. de Hongrie 1437. R. d'Allemagne et de Bohème 1438. † 1439.

Elisabeth, † 1505. E. *Casimir IV*. R. de Pologne, (*Tab. LXXI*.)

54. LADISLAS V. dit LE POSTHUME, R. de Hongrie 1445. couronné 1453. † 1457.

36. WLADISLAW ou ULADISLAS II. élu R. de Hongrie 1490. de Bohème 1471. † 1516.

Anne, † 1547. E. *Ferdinand d'Autriche* 1521. (*Tab. LXXIX*.)

37. LOUIS II. R. de Hongrie et de Bohème 1516. tué à la bataille de Mohacz 1526.

TABLE LXXIX.

ROIS DE HONGRIE ET DE BOHÈME DE LA MAISON D'AUTRICHE.

* *

38. FERDINAND I. D'AUTRICHE, élu R. de Hongrie et de Bohème 1526. Emp. 1558. † 1564. E. *Anne*, f. de *Wladislaw II*. R. de Hongrie et de Bohème, † 1547. (*Tab. LXIV. et LXXVIII*.)

JEAN DE ZAPOLYA, élu R. de Hongrie, contre Ferdinand I. 1526. † 1540.

39. MAXIMILIEN I. (II.) R. 1564. † 1576.

Charles, Archi-D. † 1590.

JEAN SIGISMOND, proclamé R. de Hong. 1540. résigne 1570. † 1571.

40. RODOLPHE I. (II.) R. 1576. † 1612.

41. MATTHIAS II. R. de Hongrie 1608. de Bohème, 1611. Emp. 1612. † 1619.

42. FERDINAND II. élu R. de Bohème 1617. de Hongrie 1618. Emp. 1619. † 1637.

FRÉDÉRIC (V.) Elect. Palatin, élu R. de Bohème, contre Ferdinand II. 1619. chassé 1620.

43. FERDINAND III. R. Emp. 1637. † 1657.

43. FERDINAND IV. R. de Bohème 1646. de Hongrie 1647. R. des Romains 1653. † 1654.

44. LÉOPOLD I. R. et Emp. 1657. † 1705.

* *

45. JOSEPH I. R. et Emp. 1705. † 1711.

46. CHARLES III. (VI.) R. et Emp. 1711. † 1740.

CHARLES (VII.) cour. R. de Bohème à Prague 1741. chassé 1742. † 1745.

47. MARIE-THÉRÈSE, R. de Hongrie et de Bohème 1740. † 1780. E. *François* I. déclaré Co-régent par la R. son époux 1741. † 1765.

48. JOSEPH II. Emp. et Co-régent de sa mère 1765. R. 1780. † 1790.

49. LÉOPOLD II. R. et Emp. 1790. † 1792.

| Marie-Thérèse, n. 1766. E. Antoine, D. de Saxe, 1787. | 50. FRANÇOIS II. n. 1768. R. 1792. Emp. héréd. d'Autriche 1804. ↓ (*v. Tab. XIX*.) | Ferdinand, n. 1769. Gr. D. de Würzbourg. | Marie-Anne, n. 1770. | Charles, Archid. 1771. | Joseph-Antoine, Palatin de Hong. n. 1776. | Antoine-Victor, Gr. Maître de l'ordre Teutonique, n. 1779. | Jean-Baptiste, n. 1782. | Reinier, n. 1783. | Louis, n. 1784. | Rodolphe, n. 1788. |

TABLES LXXX ET LXXXI.

LES ANCIENS ÉLECTEURS ET MARGRAVES DE BRANDEBOURG

DE LA MAISON DE HOHENZOLLERN.

LES ÉLECTEURS ET DUCS DE PRUSSE

DE CETTE MAISON.

TABLE LXXX.
LES ANCIENS ÉLECTEURS DE BRANDEBOURG DE LA MAISON DE HOHENZOLLERN.

1. FRÉDÉRIC I. sixième de ce nom, Bourggrave de Nuremberg, de la maison de Hohenzollern, est investi de l'électorat de Brandebourg par l'Empereur Sigismond 1417. † 1440.

2. FRÉDÉRIC II. n. 1415. Elect. 1440. résigne en faveur de son frère 1470. † le 10 février 1471.

3. ALBERT, surnommé l'*Achille* ou l'*Ulysse*, n. 1414. Elect. 1470. † 1486.

4. JEAN, surnommé le *Cicéron d'Allemagne*, n. 1455. Elect. 1486. † 1499.

Frédéric, n. 1460. premier Margrave d'Anspach et de Bayreuth, † 1536.

5. JOACHIM I. surnommé le *Nestor*, n. 1484. Elect. 1499. † 1535.

Casimir, n. 1481. Marg. de Bayreuth, † 1527.

George, dit le *Pieux*, n. 1484. Marg. d'Anspach, † 1543.

Albert, premier D. de Prusse. (*v. Tab. LXXXI.*)

6. JOACHIM II. surnommé le *Hector*, n. 1505. Elect. 1535. embrasse le luthéranisme vers 1540. † 1571.

Albert, surnommé l'*Alcibiade*, n. 1522. Marg. de Bayreuth, mis au ban de l'Empire 1554. † 1557. en exil, sans enfans.

George-Frédéric, n. 1539. marg. d'Anspach et de Bayreuth, † 1603. sans enfans.

7. JEAN GEORGE, n. 1525. Elect. 1571. † 1598.

8. JOACHIM-FRÉDÉRIC, n. 1546. Élect. 1598. † 1608.

Christian, n. 1581. † 1655.
TIGE
d'une nouvelle branche de *Marg. de Bayreuth*, éteinte en 1769.

Joachim-Ernest, n. 1583. † 1625.
TIGE
d'une nouvelle branche de *Marg. d'Anspach*, dont le dernier rejeton mâle, *Christian-Frédéric-Charles-Alexandre*, n. 1736. † 1806. réunit, en 1769, le margraviat de Bayreuth, † et résigna, en 1791, les deux margraviats entre les mains du Roi de Prusse.

9. JEAN-SIGISMOND, n. 1572. Elect. 1608. embrasse le calvinisme 1614. † 1619.
TIGE
des *Electeurs de Brandebourg, Ducs et Rois de Prusse*.
(*Tab. LXXXI et LXXXII.*)

Jean-George, n. 1577. Evêque de Strasbourg 1592. † 1624.

Christian-Guillaume, n. 1587. Archevêque de Magdebourg 1598. † 1665.

TABLE LXXXI.
LES ÉLECTEURS ET DUCS DE PRUSSE DE LA MAISON DE BRANDEBOURG.

Albert-l'Achille, Elect. de Brandebourg (*v. Tab. LXXX.*) † 1486.

Jean, Elect. 1486 † 1499.

Frédéric, premier Margrave d'Anspach et de Bayreuth, † 1536. (*v. Tab. LXXX.*)

Joachim I. Elect. 1499. † 1535.

ALBERT, n. 1490. Grand-Maître de l'ordre Teutonique en Prusse 1512. premier Duc de Prusse 1525. embrasse le luthéranisme, † 1568. E. 1. *Dorothée*, f. de Frédéric I. R. de Danemarck 1525. † 1547. 2. *Anne-Marie*, Pr. de Brunswick 1550. † 1568.

Joachim II. Elect. 1535. co-investi de la Prusse 1563 et 1569. † 1571.

Jean-George, Elect. 1571. co-investi de la Prusse 1571, 1589. † 1598.

ALBERT FRÉDÉRIC, n. 1553. Duc de Prusse 1568. † 1618. E. *Marie-Éléonore*, fille aînée de Guillaume, D. de Juliers, de Cleves et de Berg 1573. † 1608.

Joachim-Frédéric, Elect. 1598. † 1608.

Anne, fille aînée, n. 1576. † 1625. E. *Jean-Sigismond*, Elect. de Brandebourg 1594.

9. JEAN-SIGISMOND, Elect. 1608. co-investi de la Prusse 1611. Duc de Prusse 1618. † 1619. E. *Anne*, f. aînée d'Albert-Frédéric, D. de Prusse 1594. † 1625.

10. GEORGE-GUILLAUME, Elect. de Brandebourg et D. de Prusse 1619. † 1640.

11. FRÉDÉRIC-GUILLAUME, n. 1620. Elect. de Brandebourg et D. de Prusse 1640. souverain de Prusse en vertu du traité de Welau 1657. † 1688.

Frédéric I. R. de Prusse. (*v. Tab. LXXXII.*)

Philippe-Guillaume, n. 1669. tige de la branche de *Brandebourg-Schwedt*, éteinte en 1788.

TABLE LXXXII.

ROIS DE PRUSSE

DE LA MAISON ÉLECTORALE DE BRANDEBOURG.

TABLE LXXXII.

ROIS DE PRUSSE DE LA MAISON ÉLECTORALE DE BRANDEBOURG.

FRÉDÉRIC I. f. de l'Élect. Frédéric-Guillaume (*Tab. LXXXI.*) n. 1657. Élect. de Brandebourg et D. de Prusse 1688. premier Roi de Prusse couronné le 18 janv. 1701. † le 25 fév. 1713. E. en secondes noces *Sophie-Charlotte*, Pr. de Brunswick-Lunebourg 1684. † 1705.

FRÉDÉRIC-GUILLAUME I. n. 1688. R. de Prusse et Électeur de Brandebourg 1713. † le 31 mai 1740. E. *Sophie-Dorothée*, f. de George-Louis, Électeur d'Hanovre 1706. † 1757.

FRÉDÉRIC II. dit LE GRAND, n. le 24 janv. 1712. R. de Prusse et Élect. 1740. † le 17 août 1786. E. *Elisabeth-Christine*, Pr. de Brunswick-Lunebourg, 1733. † 1797.	*Auguste-Guillaume*, Pr. royal de Prusse, n. 1722. † 1758. E. *Louise-Amélie*, Pr. de Brunswick-Lunebourg, 1742. † 1780.	*Henri*, Pr. de Prusse, n. 1726. † 1802. à Rheinsberg. E. *Guillemine*, Pr. de Hesse-Cassel, 1752.	*Ferdinand*, Pr. de Prusse, n. 1730. E. *Anne-Elisabeth-Louise*, f. de Frédéric-Guillaume, Margr. de Brandebourg-Schwedt, 1755.

FRÉDÉRIC-GUILLAUME II. n. le 25 sept. 1744. Pr. royal 1758. R. de Prusse et Électeur 1786. † le 16 nov. 1797. E. 1. *Elisabeth-Christine-Ulrique*, Pr. de Brunswick-Wolfenbüttel 1765. sép. 1769. 2. *Frédérique-Louise*, f. de Louis IX. Landgrave de Hesse-Darmstadt 1769. † 1805.	*Frédérique-Sophie-Guillemine*, n. 1751. E. *Guillaume V.* Pr. d'Orange et Stadhouder 1767.	*Frédéric-Christian-Louis*, n. 1772. tué le 10 oct. 1806.	*Frédéric-Guillaume-Henri-Auguste*, n. 1779.	*Frédérique-Louise-Dorothée*, n. 1770. E. *Antoine*, Pr. Radzivil 1796.

1.	2.						
Frédérique-Charlotte-Ulrique-Éléonore, n. 1767. E. *Frédéric*, Duc d'York, Pr. d'Angleterre 1791.	FRÉDÉRIC-GUILLAUME III. n. le 3 août 1770. Pr. royal 1786. R. et Élect. 1797. E. *Louise*, f. de Charles, D. de Mecklenbourg-Strelitz 1793. † 1810.	*Louis*, Pr. de Prusse, n. 1773. † 1796. E. *Frédérique*, f. de *Charles*, D. de Mecklenbourg-Strelitz, 1793.	*Frédérique-Louise-Guillaume-Frédéric*, Pr. de Fulde 1791.	*Frédérique-Christine-Auguste*, n. 1780. E. *Guillaume*, Pr. de Hesse-Cassel, 1797.	*Frédéric-Charles-Louise-Charlotte*, f. de Frédéric, héréd. de Danem. 1804.	*Frédéric-Guillaume-Charles*, n. 1785. E. *Mariane*, Pr. de Hesse-Hombourg, 1804.
		Frédéric-Guillaume-Louis, n. 1794.	*Frédérique*, n. 1796.			*Caroline-Amélie-Wilhelmine*, n. 1805.

Frédéric-Guillaume, Pr. royal, n. 15 oct. 1795.	*Frédéric-Guillaume-Louis*, n. 22 mars 1797.	*Frédérique-Louise-Charlotte*, n. 1798.	*Frédéric-Charles-Alexandre*, n. le 29 juin 1801.	*Frédérique-Guillelmine*, n. 1803.	*Louise-Auguste-Wilhelmine*, n. 1808.	*Frédéric-Henri-Albert*, n. 1809.

TABLES LXXXIII ET LXXXIV.

TABLE GÉNÉRALE

DES MAISONS PALATINE ET DE BAVIÈRE, ISSUES DES ANCIENS COMTES DE WITTELSBACH.

LES ÉLECTEURS PALATINS

DE L'ANCIENNE BRANCHE ÉLECTORALE PALATINE.

TABLE LXXXIII.
TABLE GÉNÉRALE DES MAISONS PALATINE ET DE BAVIÈRE, ISSUES DES ANCIENS COMTES DE WITTELSBACH.

OTTON I. C. de Wittelsbach, créé D. de Bavière par l'Empereur Frédéric-Barberousse 1180. † 1183.

LOUIS I. né 1174. D. de Bavière 1183. acquiert le palatinat du Rhin 1215. † 1231.

OTTON II. dit l'Illustre, né 1206. D. de Baviere et Comte palatin du Rhin 1231. † 1253. E. *Agnès*, f. et hérit. de Henri-le-Long, C. palatin du Rhin.
1225. 1269.

LOUIS II. dit le Sévère, né 1229. D. de Bavière et C. palatin du Rhin 1253. † 1294.

Henri, né 1235. D. de la Basse-Bavière 1255. † 1290.
TIGE
d'une branche de D. DE LA BASSE-BAVIÈRE, éteinte en 1340.

1. RODOLPHE I. C. palatin du Rhin et D. de Bavière, né 1274. † 1319.
TIGE
de tous les ÉLECT. ET C. PALATINS DU RHIN.

Louis, D. de Bavière, né vers 1287. élu Emp. 1314. fait le traité de partage de Pavie 1329. réunit la Basse-Bavière 1340. † 1347.
TIGE
de tous les DUCS ET ÉLECTEURS DE BAVIÈRE. (*v Tab* LXXXIX.)

2. ADOLPHE, né 1300. C. palatin du Rhin 1319. † 1327.   3. RODOLPHE II. né 1306. C. palatin du Rhin 1327. † 1353.   4. ROBERT I. né 1309. Élect. palatin 1353. † 1390.

5. ROBERT II. né 1326. Élect. palatin 1390. † 1398.

6. ROBERT III. Élect. palatin 1398. élu empereur 1400. † 1410.

7. LOUIS III. Élect. 1410. † 1437.   *Jean*, C. palatin, † 1443. E. *Sophie de Poméranie*.   *Étienne*, C. palatin de Simmern et de Deux-Ponts, 1410. † 1459.

de la BRANCHE ANCIENNE ÉLEC-TORALE PALATINE.

Table LXXXIV.

Christophe, élu R. de l'Union du Nord 1440. (*v. Tab. LVIII.*)

Frédéric, n. 1417. † 1480.
TIGE
de la BRANCHE PALATINE ET ÉLECT. DE SIMMERN.
Table LXXXV.

Louis, dit *le Noir*, C. palatin de Deux-Ponts, † 1489.

Alexandre, C. palatin de Deux-Ponts, † 1514.

Louis, C. palatin de Deux-Ponts, † 1532.

Robert, C. palatin, † 1544.

WOLFGANG, C. palatin de Deux-Ponts, † 1569.

de la BRANCHE DE VELDENTZ, éteinte en 1694.

Philippe-Louis, C. palatin de Neubourg, † 1614.
TIGE
des BRANCHES PALATINES DE NEUBOURG et de SULTZBACH.
Table LXXXVI.

Jean I. C. palatin de Deux-Ponts, † 1604.
TIGE
de la BRANCHE PALATINE DE DEUX-PONTS.
Table LXXXVII.

Charles, C. palatin de Birckenfeld, † 1600.
TIGE
de la BRANCHE PALATINE DE BIRCKENFELD.
Table LXXXVIII.

TABLE LXXXIV.
LES ÉLECTEURS PALATINS DE L'ANCIENNE BRANCHE ÉLECTORALE PALATINE.

7. LOUIS III. f. aîné de l'Emp. Robert (*v. Table LXXXIII*), Électeur palatin 1410. † 1437.

8. LOUIS IV. dit *le Bon*, n. 1424. E. 1437. † 1449.   9. FRÉDÉRIC I. dit *le Victorieux*, né 1425. grand guerrier de son temps, d'abord tuteur de son neveu et électeur depuis 1454. † 1476. E. *Clara de Tettingen*.

10. PHILIPPE, dit *l'Ingénu*, né 1448. Élect. 1476. † 1508.

Louis, † 1524. tige des Comtes et Princes de Lœwenstein.

11. LOUIS V. dit *le Pacifique*, né 1478. Élect. 1508. † 1544.   *Robert*, C. palatin, né 1481. † 1504. E. *Elisabeth*, f. de George-le-Riche, D. de Baviere-Landshut.   12. FRÉDÉRIC II. dit *le Sage*, n. 1483. introduit la réformation, Élect. 1544. † 1556. E. *Dorothée*, f. de Christian II. R. de Danemarck 1532.

13. OTTON-HENRI, né 1502. Élect. 1556. † 1559. sans enfans.

TABLES LXXXV ET LXXXVI.

LES ÉLECTEURS PALATINS
DE LA BRANCHE PALATINE DE SIMMERN.

LES ÉLECTEURS PALATINS
DES BRANCHES PALATINES DE NEUBOURG ET DE SULTZBACH.

TABLE LXXXV.
LES ÉLECTEURS PALATINS DE LA BRANCHE PALATINE DE SIMMERN.

Frédéric, fils aîné d'Etienne, C. palatin de Simmern et de Deux-Ponts (*Tab. LXXXIII.*) né 1417. C. palat. de Simmern, 1459. † 1480.

Jean I. C. palat. de Simmern, 1480. † 1509.

Jean II. C. palat. de Simmern, 1486. † 1557.

14. FRÉDÉRIC III, dit LE PIEUX, C. palat. de Simmern, né 1515. Electeur 1559. embrasse le calvinisme 1560. † 1576.

15. LOUIS VI. né 1539. Electeur 1576. † 1583. — *Jean Casimir*, né 1543. Administr. de l'électorat, 1583. † 1592.

16. FRÉDÉRIC IV. né 1574. Elect. 1583. † 1610. E. *Louise-Juliane*, P. d'Orange, 1593 † 1644.

17. FRÉDÉRIC V. né 1596. Elect. 1610. élu R. de Bohême 1619. perd la bataille de Prague 1620. proscrit par l'Empereur et dépouillé de ses états et de la dignité électorale 1622 et 1623. † 1632. E. *Elisabeth*, fille de Jacques I. R. de la Grande-Bretagne 1613.

18. CHARLES-LOUIS, né 1617. rétabli dans le Bas-Palat. et pourvu de la huitième dignité électorale par la paix de Westph. 1648. † 1680. — *Sophie*, née 1630. † 1714. E. *Ernest-Auguste*, Elect. d'Hanovre 1658.

19. CHARLES, né 1651. Electeur 1680. † 1685, sans enfans. — *Charlotte-Elisabeth*, née 1652. † 1722. E. *Philippe*, D. d'Orléans, 1671.

TABLE LXXXVI.
LES ÉLECTEURS PALATINS DES BRANCHES PALATINES DE NEUBOURG ET DE SULTZBACH.

Philippe-Louis, fils aîné de *Wolfgang*, C. palatin de Deux-Ponts (*Tab. LXXXIII.*) né 1547. † 1614. E. *Anne*, fille de Guillaume, D. de Juliers, de Clèves et de Berg 1574. † 1632.

Wolfgang Guillaume, né 1578. C. palat. de Neubourg, 1614. hérite de la succession de Juliers du chef de sa mère 1609. se fait catholique 1614. † 1653. — *Auguste*, C. palatin de Sultzbach, né 1582. † 1632.

20. PHILIPPE-GUILLAUME, né 1615. C. palat. de Neubourg 1653. transige avec Brandebourg sur la succession de Juliers 1666. Elect. palatin 1685. † 1690. — *Christian-Auguste*, né 1622. C. palatin de Sultzbach 1632. se fait cathol. 1655. † 1708.

21. JEAN-GUILLAUME, né 1658. Elect. pal. 1690. † 1716.   22. CHARLES-PHILIPPE, né 1661. Elect. pal. 1716. † 1742. — *Théodore*, né 1659. C. pal. de Sultzbach 1708. † 1732.

Elisabeth - Auguste, née 1693. † 1728. E. *Joseph-Charles-Emmanuel*, Prince de Sultzbach 1717. — *Joseph-Charles-Emmanuel*, Pr. héréd. né 1694. † 1729. E. *Elisabeth Aug.* fille de Charles-Philippe, Elect. palat. — *Jean-Christian*, né 1700. C. pal. de Sultzbach 1732. † 1733.

Elisabeth-Auguste, née 1721. † 1794. E. *Charles-Théodore*, Elect. palat. 1742. † 1799. — *Françoise-Dorothée*, née 1724. † 1794. E. *Frédéric*, Pr. de Deux-Ponts 1746. † 1767. — 23. CHARLES-THÉODORE, né 1724. C. palat. de Sultzbach 1733. Elect. palat. 1742. Elect. bavaro-palat. 1777. † 1799. E. 1. *Elisabeth-Aug.*, f. de Joseph-Charles-Emmanuel, Pr. de Sultzbach 1742. † 1794. 2. *Marie-Léopoldine*, f. de l'arch. Ferd. de Milan 1795.

TABLE LXXXVII ET LXXXVIII.

LES COMTES PALATINS, DUCS DE DEUX-PONTS.

LES COMTES PALATINS
de Birckenfeld, Ducs de Deux-Ponts et de Bavière.

TABLE LXXXVII.
LES COMTES PALATINS, DUCS DE DEUX-PONTS.

Jean I, fils cadet de Wolfgang, C. palat. de Deux-Ponts (*Tab. LXXXIII*) né 1550. C. palat. de Deux-Ponts 1569. † 1604. E. Madeleine de Juliers 1579.

Jean II. né 1584. C. palat. de Deux-Ponts 1604. † 1635.	Frédéric-Casimir, C. palat. de Landsberg, né 1585. † 1645.	Jean-Casimir, C. palat. de Kleeburg, né 1589. † 1652. E. Catherine, f. de Charles IX, R. de Suède, 1615. † 1638.
Frédéric, né 1616. C. palatin de Deux-Ponts 1635. † 1661 sans enfans mâles.	Frédéric-Louis, C. palatin de Landsberg, né 1619. succède dans Deux-Ponts 1661. † 1681.	Charles X, né 1622. C. palatin de Kleeburg 1652. R. de Suède 1654. † 1660. / Adolphe-Jean, C pal. de Kleeburg, né 1629. † 1689.
	Charles XI. R. de Suède 1660. hérite du duché de Deux-Ponts 1681. † 1697.	Gustave-Samuel, n. 1670. se fait cathol. 1696. hérite du duché de Deux-Ponts à la mort du R. Charles XII 1718. † 1731 sans enfans.

Charles XII. R. de Suède et D. de Deux-Ponts 1697. † 1718. (*v.* Table. LII.)

TABLE LXXXVIII.
LES COMTES PALATINS DE BIRCKENFELD, DUCS DE DEUX-PONTS ET DE BAVIÈRE.

Charles, fils cadet de Wolfgang, C. palat. de Deux-Ponts (*Tab. LXXXIII*) né 1560. † 1600.

George-Guillaume, C. palatin de Birckenfeld, né 1591. † 1669.		Christian I, C. palatin de Birckenfeld à Bischwiler, né 1598. † 1654.	
Charles-Otton, C. pal. de Birckenfeld. né 1625. † 1671.	Christian II. né 1637. hérite de son cousin Charles-Otton 1671. † 1717.	Jean-Charles, C. palat. de Birckenfeld, né 1638. † 1704. E. en secondes noces Marie-Esther de Witzleben 1696. † 1725.	
Christian III. né 1674. obtient le duché de Deux-Ponts 1733. † 1735.		Jean, C. palatin de Birckenfeld, né 1698. † 1780.	
Christian IV. né 1722. C. palatin de Deux-Ponts 1735. se fait catholique 1758. † 1775.	Frédéric, Prince de Deux-Ponts. 1724. se fait catholique 1746. † 1767. E. François-Dorothée, Pr. de Sultzbach, 1746. † 1794.	Guillaume, C. palatin de Birckenfeld, D. de Bavière, né 1752. se fait catholique 1769. E. Marie-Anne, fille de Frédéric, Pr. de Deux-Ponts 1780.	
Charles, né 1746. D. de Deux-Ponts 1775. † 1795. E. Marie-Amélie de Saxe 1774.	Maximilien-Joseph, né 1756. D. de Deux Ponts 1795. et Elect. bavaro-palat. 1799. memb. de la conféd. du Rhin, R. de Bavière 1806. E. 1. Wilhelmine-Aug. P. de Hesse-Darmstadt 1785. † 1796. 2. Wilhelm.-Frédérique-Caroline, fille de Charles-Louis, P. héréd. de Bade, 1797.	Marie-Amélie, E. Frédér.-Aug. Electeur de Saxe 1769.	Marie-Anne, née 1753. E. Guillaume, C. palatin de Birckenfeld, D. de Bavière, 1780.	Marie-Elisabeth, née 1784. E. Alexandre, P. de Neufchâtel, 1808.	Pie-Auguste, Pr. héréditaire, né 1786. E. Amélie-Louise, Princesse d'Aremberg 1807.
Charles-Aug., Pr. héréd. né 1776. † 1784.					Maximilien-Joseph, né 1808.
Charles-Louis-Auguste, Pr. royal de Bavière, né 1786. E. Thér.-Charl.-Louise-Frédérique-Amélie, Pr. de Saxe-Hildburghausen, 1810.	Auguste-Amélie, n. 1788. E. Eugène Napoléon, Vice-roi d'Italie 1806.	Charlotte-Auguste, n. 1792. E. Frédér. Guill.-Charles, Pr. royal de Wurtemberg 1808.	Carls-Théodor-Maximilien, né 1795.	Elisabeth-Louise et Amélie Auguste, jumeaux, n. 1801.	Frédérique-Sophie et Marie-Anne, jumeaux, n. 1805.	Louise-Wilhelmine, née 1808.

TABLE LXXXIX

LES DUCS DE BAVIÈRE
DEPUIS L'EMPEREUR LOUIS DE BAVIÈRE JUSQU'A GUILLAUME IV.

TABLE LXXXIX.
LES DUCS DE BAVIÈRE DEPUIS L'EMPEREUR LOUIS DE BAVIÈRE JUSQU'A GUILLAUME IV.

Louis de Bavière, f. cadet de Louis II. dit *le Sévère*, C. palatin du Rhin et D. de Bavière (*v. Tab. LXXXIII.*) n. 1287. D. de Bavière 1294. élu Emp. 1314. fait le traité de partage de Pavie 1329. réunit la Basse-Bavière 1340. † 1347. E. 1. *Béatrix*, f. de Henri III. D. de Glogau, † 1321. 2. *Marguerite*, f. et hérit. de Guillaume III. Comte de Hainaut, Hollande, Seelande, Frise 1323. † 1356.

Louis, dit *l'Aîné*, n. 1315. El. de Brandebourg 1323. D. de la Haute-Bavière, par échange avec ses frères, 1351.†1361. E. *Marguerite* à la grande bouche, f. et hérit. de Henri, D. de Carinthie et C. du Tirol, 1342. † 1366.	*Etienne I*. dit à *l'Agrafe*, D. de Bavière à Landshut et à Munich, † 1375.	1. *Guillaume*, C. de Hollande du chef de sa mère, D. de Bavière-Straubingen † 1377.	*Albert*, C. de Holl. et D. de Bavière-Straubingen 1377. † 1404.	2. *Louis*, dit *le Romain*, né 1328. à Rome, Elect. de Brandeb. 1351. † 1365.	2. *Otton*, Elect. de Brandeb. 1351. vend cet elect. à l'E.' Charles IV. 1373. † 1379.
Mainhard, C. du Tirol, † 1363. Le Tirol passe à l'Autriche 1369.	*Etienne II*. D. de Bavière-Ingolstadt, en vertu d'un arrangement avec ses frères, 1392. † 1413.	*Frédéric*, D. de Bavière-Landshut 1392. † 1392.	*Jean*, D. de Bavière-Munich 1392. † 1397.	*Guillaume*, né 1365. C. de Holl. et D. de Bavière-Straubingen 1417. † 1425.	*Jean*, Ev. de Liége 1390. dernier D. de Bavière-Straubingen 1417. † 1425. Sa succession, contestée entre plusieurs prétendans, est adjugée à ses agnats de Bavière 1429.	*Jeanne*, E. *Albert IV*. D. d'Autriche 1390.
Louis, dit *le Barbu*, D. de Bavière-Ingolstadt 1413. dépouillé par son fils 1441. † 1447. en prison.	*Isabelle ou Elisabeth*, †1435. E. *Charles VI*. R. de France 1385.	*Henri*, dit *le Riche*, D. de Bav.-Land. 1392. † 1450.	*Ernest*, D. de Bavière-Munich 1397.†1438.	*Guillaume III*. D. de Bavière-Munich 1397. † 1435.	*Jaqueline de Bav.*, n. 1401. hérit. de Hainaut, Hollande Seelande, Frise 1417. cède ses états à Philippe-le-Bon, D. de Bourg. 1433. † 1436.	*Albert V*. D. d'Autr. depuis Emp. prétendant à la succession de Bavière-Straubingen 1425. y renonce 1429.
Louis, dit *le Bossu*, dernier D. de Bavière-Ingolstadt, vers 1441. † 1445.		*Louis*, dit *le Riche*, né 1417. D. de Bavière-Landshut 1450. † 1479.	*Albert III*. né 1396. D. de Bavière - Munich 1438. † 1460.			
		George, dit *le Riche*, n. 1455. dernier D. de Bavière-Landshut 1479. † 1503.	*Sigismond*, n. 1439. D. de Bavière-Munich 1460. résigne 1467. † 1501.		*Albert IV*, dit *le Sage*, n. 1447. D. de Bavière-Munich 1460. réunit toute la Bavière 1505. introduit la primogéniture 1506. † 1508.	

Elisabeth prétend à la succession de son père 1503. † 1504. E. *Robert*, C. palatin. (*Tab. LXXXIV.*)

Guillaume IV. dit *le Constant*.
Table XC.

TABLES XC ET XCI.

LES DUCS ET ÉLECTEURS DE BAVIERE,
DEPUIS GUILLAUME IV JUSQU'A LEUR EXTINCTION DANS LES MALES.

LES COMTES ET DUCS DE WURTEMBERG,
DEPUIS ULRIC I. JUSQU'A FRÉDÉRIC I. 1265—1593.

TABLE XC.

Les DUCS et ÉLECTEURS de BAVIÈRE, depuis GUILLAUME IV jusqu'a leur extinction dans les males.
Guillaume IV. dit le Constant, fils d'Albert IV. dit le Sage, (Tab. LXXXIX.) né 1493. D. de Bavière 1508. † 1550.

Albert V. dit *le Magnanime*, n. 1528. D. de Bavière 1550. † 1579. E. *Anne*, f. de l'Emp. Ferdinand I. 1546. † 1590.

Guillaume V. dit le Pieux, n. 1548. D. de Bavière 1579. abdique 1598. † 1626.	Ferdinand, n. 1560. † 1608. Estige des C. de Wartenberg, éteints en 1736.	Marie Pettenbeck,	Ernest, n. 1554, Evêque de Freysingen, de Hildesheim, de Liége, et Archevêque de Cologne, † 1612.
MAXIMILIEN I. n. 1573. D. de Bavière 1598. investi de la dignité électorale 1623. † 1651.	Philippe, n. 1576. Evêque de Ratisbonne et Cardinal, † 1598.	Ferdinand, n. 1677. Archev. de Cologne 1612. † 1650.	Albert, né 1584. † 1666.
FERDINAND-MARIE, n. 1636. Electeur de Bavière 1651. † 1679.		Maximilien-Henri, n. 1621. Archevêque et Electeur de Cologne 1650. † 1688.	
MAXIMILIEN - EMANUEL II. n. 1662. Elect. 1679. allié de Louis XIV. dans la guerre pour la succession d'Espagne, est proscrit en 1706. rétabli dans ses états par les traités de Rastadt et de Bade 1714. † 1726. E. 1. *Marie-Antoinette*, f. de l'empereur Léopold I, et de *Marguerite-Thérèse* d'Espagne 1685. † 1692. 2. *Thérèse-Cunegonde*, f. de Jean-Sobieski, R. de Pologne 1694. † 1730.			Joseph-Clément, n. 1671. Evêque de Freysingen et de Ratisbonne 1685. Archevêque et Electeur de Cologne 1688. † 1723.
Joseph-Ferdinand, Pr. Elect. de Bavière, n. 1692. héritier présomptif de la monarchie espagnole, † 1699.	CHARLES-ALBERT, n. 1697. Elect. 1726. prétendant à la succession d'Autriche 1740. élu Emp. en 1742 sous le nom de Charles VII. dépouillé de ses états 1743. † le 20 janvier 1745. E. *Marie-Amélie*, f. de l'Emp. Joseph I. 1722.	Clément-Auguste, n. 1700. Elect. de Cologne, 1723, etc. Grand - Maître de l'ordre Teutonique, † 1761.	Jean-Théodore, n. 1703. Evêque de Ratisbonne, de Freysingen, de Liége, et Cardinal, † 1763.
Marie-Antoinette, n. 1724. † 1780. E. *Frédéric-Christian*, Pr. électoral de Saxe 1747. † 1763.	MAXIMILIEN-JOSEPH, n. 1727. Elect. 1745. rétabli dans l'électorat par la paix de Fuessen 1745. † 1767. sans enfans. E. *Marie-Anne*, f. de Frédéric-Auguste, R. de Pologne, 1747, † 1797.		Joséphine-Marie-Antoinette, n. 1739. † 1767. E. *Joseph II*. Empereur 1765.

TABLE XCI.

Les COMTES et DUCS de WURTEMBERG, depuis ULRIC I. jusqu'a FRÉDÉRIC I. 1265—1593.
Ulric I. avec le Pouce, C. de Wurtemberg vers 1265.

Ulric II. C. de Würt. † 1279.	Eberhard I. dit l'Illustre, C. de Würt. † 1325.
	Ulric III. n. 1295. C. de Würt. 1325. † 1344.
Eberhard II. dit le Pleureur, n. 1315. C. de Würt. 1344. † 1392.	Ulric IV. C. de Würt. 1344. † 1366.
Ulric, tué au combat de Weyl 1388. du vivant de son pere.	
Eberhard III. dit le Doux, C. de Würt. 1392. † 1417.	
Eberhard IV. n. 1388. C. de Würt. 1417. † 1419. E. *Henriette*, héritière de Montbéliard.	
Louis I. n. 1412. C. de Würt. sous la tutelle de sa mère 1417. partage avec son frère 1441. † 1450.	Ulric V. n. 1413. C. de Würtemberg sous la tutelle de sa mère 1417. † 1480.
Louis II. n. 1439. C. de Wurtemberg, sous la tutelle de son oncle 1450. † 1457.	EBERHARD V. (I) dit *le Barbu*, n. 1445. C. de Würt. sous la tutelle de son oncle 1450. premier Duc de Würtemb. 1495. introduit l'indivisibilité et le droit d'ainesse 1482. † 1496.	EBERHARD II. n. 1447. D. de Würt. 1496. résigne 1498. † 1504.	Henri, n. 1448. † 1519.
ULRIC, n. 1487. D. de Würt. 1498. proscrit et dépouillé de ses états 1519. rétabli par le traité de Cadan 1534. introduit la réformation 1536. † 1550.		George, n. 1498. obtient Montbéliard 1555. † 1558.
CHRISTOPHE, n. 1515. D. de Würtemberg 1550. † 1568.		FRÉDÉRIC I. n. 1557. D. de Würt. 1593.
Louis, n. 1554. D. de Würt. sous la tutelle de sa mère 1568. † 1593. sans enfans.		Table XCII.

TABLES XCII ET XCIII.

LES DUCS ET PRINCES DE WURTEMBERG,
depuis le Duc Frédéric I. jusqu'au Duc Frédéric II.
1593—1795.

LA FAMILLE ROYALE DE WURTEMBERG.

TABLE XCII.
LES DUCS ET PRINCES DE WURTEMBERG, DEPUIS LE DUC FRÉDÉRIC I. JUSQU'AU DUC FRÉDÉRIC II. 1593-1795.

FRÉDÉRIC I. f. de George C. de Montbéliard (Tab. XCI.) n. 1557. Duc de Würtemberg 1593. † 1608.

JEAN-FRÉDÉRIC, n. 1582. D. de Würt. 1608. † 1628.	Louis-Frédéric, n. 1586. Pr. de Montbéliard 1617. † 1631.	Prince apanagé, reçoit	Jules-Frédéric, n. 1588. Prince apanagé, reçoit Weitlingen 1617. † 1635.		
EBERHARD III. n. 1614. D. de Würt. 1628. † 1674.	Frédéric, n. 1615. † 1682. Tige d'une branche apanagée à Neustatt, éteinte en 1742.	Léopold-Frédéric, 1624. Pr. de Montbéliard 1631. † 1662.	George, n. 1629. Pr. de Montbéliard 1662. † 1699.	Sylvius-Nimrod, n. 1622. † 1664. E. Elisabeth-Marie, f. et héritière du dernier D. d'Oels en Silésie 1644. † 1686.	
GUILLAUME-LOUIS, n. 1647. D. de Würtemberg 1674. † 1677.	Frédéric-Charles, n. 1652. tuteur du D. son neveu 1677. † 1698.	Léopold-Eberhard, 1670. Pr. de Montbéliard 1699. † 1723. Ses enfans, de C. de Sponeck, et les Barons de l'Espérance, nés de mar. inégaux, ont été exclus de la succ.		Sylvius-Frédéric, D. de Würt.-Oels. n. 1651. † 1697.	Christian-Ulric, né 1652. D. de Würt.-Oels 1697. † 1704.
EBERHARD-LOUIS, n. 1676. D. de Würtemberg 1677. † 1733. sans enfans.	CHARLES-ALEXANDRE, n. 1684. se fait catholique au service de l'Autriche 1712. D. de Würtemberg 1733. † 1737.			Charles-Frédéric, n. 1690. Duc de Würtemberg-Oels 1704. † 1761.	Christian-Ulric n. 1691. † 1734.
CHARLES, n. 1728. D. de Würt. 1737. † 1793. E. 1. Elisabeth - Fréd.-Sophie, Pr. de Brandebourg-Bayreuth 1748. † 1750. 2. Françoise-Thérèse, C. de Hohenheim, 1786.	LOUIS, 1751. D. de Würt. 1793. † 1795. E. Sophie-Albertine, f. du comte de Beichlingen 1762. † 1807.		FRÉDÉRIC II. n. 1732. D. de Wurt. 1795. Table XCIII.	Charles-Christian-Erdmann, n. 1716. D. de Würtemb.-Oels 1761. † 1792.	
Guillelmine-Frédérique, n. 1764. E. Ernest, Pr. d'Oettingen-Wallerstein 1789. † 1802.	Henriette-Charlotte-Frédérique, n. 1767. E. Charles-Joseph-Ernest, Pr. de Hohenlohe-Waldenburg-Ingelburg, 1796.			Fréder.-Sophie-Charlotte, n. 1751. hérit. du D. d'Oels, m. 1768. † 1789. E. Fréd.-Aug., Pr. de Brunswic, D. de Brunswic-Oels 1792. † 1805.	

TABLE XCIII.
LA FAMILLE ROYALE DE WURTEMBERG.

FRÉDÉRIC II. fils cadet du D. Charles-Alexandre (Tab. XCII.) n. 1732. D. de Würtemberg 1795. † 1797. E. Frédérique-Dorothée-Sophie, f. de Frédéric-Guillaume, Margrave de Brandebourg-Schwedt, 1755. † 1798.

FRÉDÉRIC III, n. le 6 nov. 1754. D. de Würtemberg 1797. Elect. 1803. membre de la conféd. du Rhin et Roi 1806. E. 1. Augustine-Caroline-Frédérique-Louise, Pr. de Brunswick-Wolfenbuttel 1780. † 1788. 2. Charlotte-Auguste-Mathilde, f. de George III, R. de la Grande-Bretagne, 1797.	Louis-Frédéric-Alexandre, D. de Würtemberg, n. 1756. E. 1. Marie-Anne, Pr. Czartoriska 1784. sép. 1796. 2. Henriette, Pr. de Nassau-Weilbourg 1797.	Eugène-Frédéric-Henri, D. de Würt., n. 1758. E. Louise, Pr. de Stolberg-Gedern 1787.	Marie-Feodorowna (Sophie-Dorothée) n. 1759. E. Paul-Petrowitsch, Gr. D. de Russie 1776. (a)

1.	2.	3.	1.	2.	3.			1.	2.	3.
Frédéric-Guillaume-Charles, Pr. royal de Würt. n. 27 sept. 1781. E. Charl.-Aug., f. de Maximil.-Joseph, R. de Bavière, 1808.	Frédérique-Cathérine-Sophie-Dorothée, n. 1783. E. Jérôme-Napoléon, Roi de Westphalie, 1807.	Paul-Charles-Fréd.-Auguste, n. 19 janvier 1785. E. Cathérine-Charlotte-Georgine, f. de Frédéric, D. de Saxe-Hildbourghausen 1805.	Adam-Charles-Guillaume, né 1792.	Marie-Dorothée-Louise, n. 1797.	Louise-Amélie-Wilhelm., n. 1799.	Pauline-Thérèse-Louise, n. 1800.	Elisabeth-Alexandrine-Constance, n. 1802.	Alexandre-Paul-Constantin, n. 1804.	Frédéric-Eugène-Charles, n. 1788.	Frédérique-Sophie-Dorothée, n. 1789. E. Auguste, Pr. de Hohenlohe-Oehringen, 1811.	Frédéric-Paul-Guill., n. 1797.

| Frédérique-Charlotte-Marie, n. 1807. | Frédéric-Charles-Auguste, n. 1808. | Pauline-Frédérique-Marie, n. 1810. | | (a) Voyez, pour les autres enfans du Duc Frédéric II, la Table XCIII bis. |

TABLES XCIII *bis* ET XCIV.

Suite de la FAMILLE ROYALE de WURTEMBERG.

LES DUCS ET ÉLECTEURS DE SAXE
(ISSUS DES ANCIENS MARGRAVES DE MISNIE.)

TABLE XCIII bis.

SUITE DE LA FAMILLE ROYALE DE WURTEMBERG.

Frédéric II, D. de Würtemberg (*Tab. XCIII*).

Voy. ses quatre prem. enfans, *Tab. XCIII.*	*Guillaume-Fréd.-Philippe*, D. de Würt., n. 1761. E. *Frédérique-Françoise-Wilhelm.* de Tuuderfeld 1800.	*Ferdinand-Frédéric-Auguste*, D. de Würt. n. 1763. E. *Albertine-Wilhelm.-Amél.*, Pr. de Schwarzb. Sondershausen 1795.	*Frédérique-Elisabeth*, n. 1765. † 1785. E. *Pierre-Frédér. Louis*, Adm. du D. d'Holst.-Oldenbourg 1781.	*Elisabeth*, n. 1767. † 1790. E. *François*, Archid. d'Autriche, depuis Empereur 1788.	*Charles-Frédéric-Henri*, n. 1769. † 1791.	*Alexandre-Frédéric-Charles*, D. de Würt. n. 1771. E. *Antoin.-Ernestine*, Pr. de Saxe-Cobourg-Saalfeld 1798.	*Henri-Fréd.-Charles*, D. de Würtemberg, n. 1772.
Christian-Frédéric-Alexandre, C. de Würt., n. 1801.	*Frédéric-Guillaume*, C. de Würtemberg, n. 1810.	*Frédéric-Alexandre*, C. de Würtemberg, n. 1811.			*Antoinette-Frédérique*, n. 1799.	*Ernest*, n. 1804.	*Frédéric-Guill. Alex.-Ferdinand*, n. 1810.

TABLE XCIV.

LES DUCS ET ÉLECTEURS DE SAXE ISSUS DES ANCIENS MARGRAVES DE MISNIE.

Thierry, Margrave de Misnie, † 1221. E. *Jutta* ou *Judith* de Thuringe (*Tab. CVII.*).

Henri, dit *l'Illustre*, Margrave de Misnie 1221. Landgrave de Thuringe 1247. † 1287.

Albert le dépravé, Landgrave de Thuringe et Margrave de Misnie, † 1314.   *Frédéric*, dit *le Petit*, Margrave de Misnie, † 1316.

Frédéric, à la joue mordue, Margrave de Misnie et Landgrave de Thuringe, † 1324.

Frédéric, dit *le Sérieux*, Margrave de Misnie et Landgrave de Thuringe, † 1349.

Frédéric, dit *le Sévère*, Margrave de Misnie et Landgrave de Thuringe 1349. † 1380.

Frédéric I. dit *le Belliqueux*, Margrave de Misnie et Landgrave de Thuringe, 1380. premier Électeur de Saxe de la maison de Misnie 1423. † 1428.

Frédéric II. dit *le Doux*, n. 1411. Électeur 1428. † 1464.   *Guillaume*, né 1425. Landgrave de Thuringe, † 1482.

Ernest, n. 1441. Électeur 1464.   *Albert*, dit *le Courageux*, Duc de Saxe, né 1443.
TIGE de la branche Ernestine de Saxe.   TIGE de la branche Albertine de Saxe.

Tab. XCV. et suiv.   *Tab. CI.*

TABLES XCV ET XCVI.

TABLE GÉNÉRALE DE LA BRANCHE ERNESTINE
DES ÉLECTEURS ET DUCS DE SAXE, ET DE SES PRINCIPALES SUBDIVISIONS.

LES DUCS DE SAXE-WEIMAR-

TABLE XCV.

TABLE GÉNÉRALE DE LA BRANCHE ERNESTINE DES ÉLECTEURS ET DUCS DE SAXE, ET DE SES PRINCIPALES SUBDIVISIONS.

ERNEST, fils de l'Electeur Frédéric II. (*Tab. XCIV.*) n. 1441. Electeur 1464. † 1486.

FRÉDÉRIC, dit *le Sage*, n. 1463. Elect. 1486 protege Luther. † 1525.   JEAN, dit *le Constant*, n. 1469. Elect 1525. † 1532.

JEAN-FRÉDÉRIC I. dit *le Magnanime*, né 1503. Elect. 1532. fait prisonnier à la bataille de Muhlberg et dépouillé de la dignité électorale 1547. † 1554.

Jean-Frédéric II. n. 1529. D. de Saxe 1554. mis au ban de l'empire 1566. † 1595 en prison.   Jean-Guillaume, D. de Saxe, n. 1530. † 1573.

Jean, D. de Saxe. n. 1570. † 1605.

| Guillaume, D. de Saxe, n. 1598. † 1662. | Ernest, dit *le Pieux*. D. de Saxe, n. 1601. † 1675. | Bernhard, n. 1604 s'illustre dans la guerre de trente ans, † 1639. |

| Jean-Ernest, n. 1627. TIGE des Ducs de SAXE-WEIMAR. Tab. XCVI. | Adolphe-Guillaume et Jean-George, TIGE des ducs de SAXE-EISENACH, éteints en 1741. | Bernhard, TIGE des Ducs de SAXE-JENA, éteints en 1690. | Frédéric, n. 1646. TIGE des Ducs de SAXE-GOTHA. Tab. XCVII. | Bernhard, n. 1649. TIGE des Ducs de SAXE-MEININGEN. Tab. XCVIII. | Ernest, n. 1655. TIGE des Ducs de SAXE-HILDBURGHAUSEN. Tab. XCIX. | Jean-Ernest, n. 1658. TIGE des Ducs de SAXE-COBOURG-SAALFELD. Tab. C. |

TABLE XCVI.

LES DUCS DE SAXE-WEIMAR.

JEAN-ERNEST, f. aîné de Guillaume, D. de Saxe (*Tab. XCV.*) n. 1627. † 1683.

GUILLAUME-ERNEST, D. de Saxe-Weimar, n. 1662. † 1728.   JEAN-ERNEST, D. de Saxe-Weimar, n. 1664. † 1707.

ERNEST-AUGUSTE, D. de Saxe-Weimar, n. 1688. introduit le droit de primogéniture 1724. † 1748.

ERNEST-AUGUSTE-CONSTANTIN, n. 1757. D. de Saxe-Weimar 1748. † 1758. E. Amelie, f. de Charles, D. de Brunswick, 1756 régente de 1758-1774. † 1807.

CHARLES-AUGUSTE, n. 1757. D. de Saxe-Weimar 1758. membre de la confédération du Rhin 15 décembre 1806. E. Louise, f. de Louis IX. Landgrave de Hesse-Darmstadt 1775.

| Charles-Frédéric, Prince héréditaire, n. 1783. E. Marie-Paulowna, f. de Paul I. Emp. de Russie 1804. | Caroline-Louise, n. 1786. E. Fréd.-Louis, Pr. héréd. de Mecklembourg-Schwerin 1810. | Charles-Bernhard, n. 1792. |

Marie-Louise-Alexandrine, n. 1808.

TABLES XCVII, XCVIII ET XCIX.

LES DUCS DE SAXE-GOTHA.

LES DUCS DE SAXE-MEINUNGEN.

LES DUCS DE SAXE-HILDBURGHAUSEN.

TABLE XCVII.
LES DUCS DE SAXE-GOTHA.

FRÉDÉRIC I. f. aîné d'Ernest I. dit le Pieux (*Tab. XCV.*) D. de Saxe-Gotha, né 1646. introduit le droit de primogéniture, † 1691.

FRÉDÉRIC II. né 1676. D. de Saxe-Gotha 1691. † 1732.

FRÉDÉRIC III. né 1699. D. de Saxe-Gotha 1732. † 1772.

ERNEST II. né 1745. D. de Saxe-Gotha 1772. † 1804. E. *Marie-Charlotte-Amélie*, Pr. de Saxe-Meinungen 1769. — *Auguste*, né 1747. † 1806.

AUGUSTE, né 1772. D. de Saxe-Gotha 1804. membre de la confédération du Rhin 15 décembre 1806. E. 1. *Louise*, Pr. de Mecklenbourg-Schwerin 1797. † 1801. 2. *Caroline-Amélie*, Pr. de Hesse 1802. — *Frédéric*, né 1774.

Dorothée-Louise-Pauline-Charlotte-Frédérique-Auguste, née 1800.

TABLE XCVIII.
LES DUCS DE SAXE-MEINUNGEN.

BERNHARD, f. puîné d'Ernest, dit le Pieux (*Tab. XCV.*) né 1649. D. de Saxe-Meinungen 1680. † 1706.

ERNEST-LOUIS, D. de Saxe-Meinungen, né 1672. † 1724. — ANTOINE-ULRIC, D. de Saxe-Meinungen, né 1687. † 1763. E. 1. *Philippine-Elisabeth-Césarée-Schurmann*, mariage inégal contracté en 1711. † 1744. 2. E. *Charlotte-Amélie*, Pr. de Hesse-Philippsthal, mariée 1750. † 1801.

ERNEST-LOUIS, D. de Saxe-Meinungen, n. 1709. † 1729. — CHARLES-FRÉDÉRIC, D. de Saxe-Meinungen, n. 1712. † 1743.

CHARLES, D. de Saxe-Meinungen, né 1754. † 1782. E. *Louise*, Pr. de Stolberg-Gedern, mariée, en secondes noces, au prince Eugène de Würtemberg 1787. — GEORGE, D. de Saxe-Meinungen, né 1761. introduit le droit de primogéniture 1800. † 1803. E. *Louise-Eléonore*, Pr. de Hohenlohe-Langenbourg 1782.

Amélie-Adélaïde-Louise-Thérèse, n. 1792. — *Ida*, née 1794. — BERNHARD-ERICH-FREUND, n. 1800. D. de Saxe-Meinungen, sous la tutelle de sa mère, 1803. membre de la confédération du Rhin le 15 décembre 1806.

TABLE XCIX.
LES DUCS DE SAXE-HILDBURGHAUSEN.

ERNEST, fils d'Ernest, dit le Pieux (*Tab. XCV.*) n. 1655. D. de Saxe-Hildburghausen 1680. † 1715.

ERNEST-FRÉDÉRIC I. n. 1681. D. de Saxe-Hildburghausen 1715. † 1724. — *Joseph-Frédéric-Guillaume*, feld-maréchal-général au service d'Autriche, n. 1702. régent depuis 1780. † 1787.

ERNEST-FRÉDÉRIC II. n. 1707. D. de Saxe-Hildburghausen 1724. † 1745.

ERNEST-FRÉDÉRIC III. né 1727. D. de Saxe-Hildburghausen 1745. † 1780.

FRÉDÉRIC, n. 1763. D. de Saxe-Hildburghausen 1780. membre de la confédération du Rhin le 15 décembre 1806. E. *Charlotte-Georgine-Louise-Frédérique*, Pr. de Mecklenbourg-Strelitz 1785.

| *Catherine-Charlotte-Georgine*, n. 1787. E. *Paul*, Pr. de Würtemberg, 1805. | *Joseph-George-Frédéric*, Pr. hérédit., n. 1789. | *Thérèse*, n. 1792. E. *Charles-Louis*, Pr. royal de Bav. 1810. | *Louise*, née 1794. | *George-Charles-Frédéric*, n. 1796. | *Frédéric-Guillaume-Charles-Joseph*, né 1801. | *Edouard-Charles*, né 1804. |

TABLES C ET CI.

LES DUCS DE SAXE-COBOURG-SAALFELD.

LES DUCS ET ÉLECTEURS DE SAXE
de la branche Albertine, depuis le Duc Albert, dit *Le Courageux*, jusqu'a l'Électeur Jean-George II.

TABLE C.
LES DUCS DE SAXE-COBOURG-SAALFELD.

JEAN-ERNEST, f. cadet d'Ernest, dit *le Pieux*, (*Tab. XCV.*) n. 1658. † 1729.

CHRISTIAN-ERNEST, D. de Saxe-Cobourg-Saalfeld, n. 1683. † 1745.	FRANÇOIS-JOSIAS, D. de Saxe-Cobourg-Saalfeld, n. 1697. introduit le droit de primogéniture 1737. † 1764.

ERNEST-FRÉDÉRIC, n. 1724. D. de Saxe-Cobourg-Saalfeld 1764. † 1800. E. *Sophie-Antoinette*, Pr. de Brunsvick-Wolfenbuttel 1749. † 1802.	*Christian-François*, n. 1750. général au service de l'Autriche, † 1797.	*Frédéric-Josias*, n. 1737. feld-maréchal général au service de l'Autriche depuis 1800, *Senior* de toute la branche Ernestine de la maison de Saxe.

FRANÇOIS-FRÉDÉRIC-ANTOINE, n. 1750. D. de Saxe-Cobourg-Saalfeld 1800. † 1806. E. *Auguste-Caroline-Sophie*, C. de Reuss-Ebersdorf.		*Louis-Charles-Frédéric*, n. 1755. feld-maréchal-lieutenant au service de l'Autriche. † 1806.	

| *Sophie*, n. 1778. E. *Emmanuel*, comte de Mensdorf 1804. | *Antoinette-Ernestine-Amélie*, n. 1779. E. *Alexandre-Frédéric*, D. de Wurtemb. 1798. | *Julie* (Anne-Féodorowna), n. 1781. E. *Constantin-Pawlowitsch*, Gr. D. de Russie 1796. | ERNEST, n. 1784. D. de Saxe-Cobourg-Saalfeld 1806. memb. de la conf. du Rhin le 15 déc. 1806. | *Ferdinand-George-Auguste*, né 1785. | *Victoire*, née 1786. E. *Emich-Charles*, Pr. de Linange 1803. | *Léopold-George-Christian-Frédéric*, n. 1790. |

TABLE CI.
LES DUCS ET ÉLECTEURS DE SAXE DE LA BRANCHE ALBERTINE JUSQU'A JEAN-GEORGE II.

Albert, dit *le Courageux*, f. cadet de l'Élect. Frédéric II. (*v. Tab. XCIV.*) n. 1443. † 1500.

George, dit *le Barbu*, n. 1471. D. de Saxe 1500. † 1539.	*Henri*, dit *le Pieux*, D. de Saxe, n. 1473. † 1541.	*Frédéric*, n. 1474. Grand-Maître de Prusse 1498. † 1510.

MAURICE, n. 1521. D. de Saxe 1541. El. 1547. † 11 juill. 1553. E. *Agnès*, f. du Landg. Philippe-le-Magnanime 1541.	AUGUSTE I. n. 1526. El. 1553. † 1586.

CHRISTIAN I. n. 1560. Elect. 1586. † 1591.

CHRISTIAN II. n. 1583. Elect. 1591. majeur 1601. † 1611.	JEAN-GEORGE I. n. 1585. Elect. 1611. † 1656.

| JEAN-GEORGE II. Elect. n. 1613. *v. Table CII.* | *Auguste*, n. 1614. TIGE de la branche de SAXE-WEISENFELS, éteinte en 1746. | *Christian*, n. 1615. TIGE de la branche de SAXE-MERSEBOURG, éteinte en 1738. | *Maurice*, n. 1619. TIGE de la branche de SAXE-ZEITZ, éteinte en 1759. |

LES ÉLECTEURS DE SAXE,
depuis Jean-George II. jusqu'a nos jours.

LES ANCIENS MARGGRAVES DE BADE,
issus des Ducs de Zaringue (Zæhringen) depuis Herman I. jusqu'a Rodolphe I. 1074—1243.

TABLE CII.
LES ÉLECTEURS DE SAXE, DEPUIS JEAN-GEORGE II. JUSQU'A NOS JOURS.

JEAN-GEORGE II. f. de l'Elect. Jean-George I. (*Tab. CI.*) n. 1613. Elect. 1656. † 1680.

JEAN-GEORGE III. n. 1647. Elect. 1680. † 1691.

JEAN-GEORGE IV. n. 1668. Elect. 1691. † 1694.	FRÉDÉRIC-AUGUSTE I. n. 1670. Elect. 1694. se fait catholique le 28 mai 1697. élu R. de Pologne le 27 juin 1697. † le 1.er février 1733.							Maurice, C. de Saxe, f. naturel, n. 1696. maréchal-général de France, † 1750.		
	FRÉDÉRIC-AUGUSTE II. n. 1696. Elect. 1733. élu R. de Pologne le 5 octobre 1733. † le 5 octobre 1765. E. Marie-Joséphine, f. de l'Emp. Joseph I. 1719. † 1757.									
FRÉDÉRIC-CHRISTIAN-LÉOPOLD, né 1722. Elect. le 5 octob. 1763. † le 17 déc. 1768. E. Marie-Antoinette, f. de l'Emp. Charles VII. 1747. † 1780.	Marie-Amélie, n. 1724. † 1760. E. Charles III. Roi d'Espagne 1738.	Marie-Anne-Sophie, née 1728. † 1797. E. Maximilien-Joseph, Elect. de Bav. 1747.	François-Xavier-Auguste, né 1730. Administrat. de l'Elect.1763. C. de Lusace, † 1806.	Marie-Joséphine,n.1731. †1767.E. Louis, Dauphin de France, † 1765.	Charles, n. 1733. D. de Courlande de Remiremont, 1758. † 1796.	Christine, n. 1735. Abbesse 1758. † 1782.	Marie-Elisabeth, n. 1736.	Albert, né 1738. D. de Saxe-Teschen 1766. E. Marie-Christine d'Autriche 1766. † 1798.	Clément-Wenceslas, né 1739. El. de Trèves 1768. † 1812.	Cunégonde, n. 1740. Abbesse d'Essen et de Thorn 1776.
FRÉDÉRIC-AUGUSTE III. n. 1750. Elect. 1763. membre de la confédération du Rhin et R. de Saxe 1806. Grand-Duc de Varsovie, en vertu de la paix de Tilsit 1807. E. Amélie-Auguste, Pr. de Deux-Ponts 1769.			Antoine-Clément, n. 1755. E. 1. Marie-Caroline, Pr. de Sard. 1781. † 1782. 2. Marie-Thérèse, f. de l'Emp. Léopold II. 1787.		Marie-Amélie, D. de Deux-Ponts 1774. † 1795.	Marie-Amélie, née Charles II. 1757. E. Charles II.		Maximilien, n. 1756. E. Caroline-Marie-Thérèse, Princesse de Parme 1792. † 1804.		Thérèse-Marie-Josèphe-Anne, née 1761.
Marie-Auguste-Antoinette, n. 1782.	Marie-Amélie-Frédérique, n. 1794.	Marie-Ferdinande-Amélie-Xavière, n. 1796. adoptée par sa tante Marie-Thérèse.		Frédéric-Auguste-Albert-Marie, n. 1797.	Clément-Marie-Joseph, n. 1798.		Marie-Anne-Caroline, n. 1799.	Jean-Népomuc, n. 1801.		Marie-Joséphine-Amélie, n. 1803.

TABLE CIII.
LES ANCIENS MARGGRAVES DE BADE ISSUS DES DUCS DE ZARINGUE (ZÆHRINGEN), DEPUIS HERMAN I. JUSQU'A RODOLPHE I. 1074.—1243.

Bertold I. C. de Brisgau, créé D. de Carinthie et Marggrave de Vérone 1060. destitué 1073. † 1077.

Bertold II. D. de Suabe 1092. abdique ce duché 1098. † 1111.			HERMAN I. Marggrave, † 1074.
Bertole III. D. de Zaringue, fond. de Fribourg en Brisgau † 1123.	Conrad, D. de Zaringue, créé Régent du royaume de Bourgogne par l'Emp. Lothaire II. 1127. † 1152.		HERMAN II. prend le premier le titre de *Marg. de Bade*, 1130.
Bertold IV. D. de Zaringue et Régent de Bourgogne, fond. de Fribourg, † 1186.		Adelbert, tige des D. DE TECK, éteints en 1439.	HERMAN III. Marg. de Bade 1130. † 1160.
Bertold V. D. de Zaringue et Régent de Bourgogne, fond. de Berne 1191. † 1218. sans enfans.	Agnès, E. Egenon, C. d'Urach.	Anne, E. Ulric, C. de Kibourg.	HERMAN IV. Marg. de Bade 1160. † 1190.
HERMAN V. Marg. de Bade 1190. † 1243.	Henri, † 1231. tige des *Marg.* de HACHBERG et de SAUSENBURG, éteints en 1415 et 1503.		
HERMAN VI. Marg. de Bade 1243. Régent d'Autriche 1248. † 1250. E. Gertrude, f. et héritière de Henri III. D. d'Autriche 1248. † 1261.			RODOLPHE I. Marg. de Bade 1243.
FRÉDÉRIC I. Marg. de Bade, D. d'Autriche et de Styrie, n. 1249. décap. à Naples 1268.			*v. Table CIV.*

LES MARGGRAVES DE BADE,

DEPUIS RODOLPHE I. JUSQU'A L'ORIGINE DES DEUX BRANCHES MODERNES DE BADE-BADE ET DE BADE-DOURLACH. 1243—1527.

LES MARGGRAVES DE BADE-BADE,

DEPUIS BERNHARD III. JUSQU'A LEUR EXTINCTION DANS LES MALES.

TABLE CIV.
LES MARGGRAVES DE BADE, DEPUIS RODOLPHE I. JUSQU'A L'ORIGINE DES DEUX BRANCHES MODERNES DE BADE-BADE ET DE BADE-DOURLACH.

RODOLPHE I. f. puîné de Herman V. Marg. de Bade (*Tab. CII.*) Marg. 1243. hérite de son neveu Frédéric I. 1268. † 1288.

HERMAN VII. Marg. 1288. partage avec ses frères, † 1291. — RODOLPHE II. Marg. 1288. † 1295. — HESSO, Marg. 1288. † vers 1318. — RODOLPHE III. Marg. 1288. † 1332.

FRÉDÉRIC II. Marg. 1291. partage avec ses frères, † 1333. — RODOLPHE IV. Marg. 1291. † 1348. — HERMAN VIII. Marg. 1291. † 1300. — RODOLPHE HESSO, Marg. 1318. † 1335. sans enfans mâles.

HERMAN IX. Marg. 1333. † 1353. — FRÉDÉRIC III. Marg. 1348. † 1353. — RODOLPHE V. Marg. 1348. † 1361.

RODOLPHE VI. Marg. 1353. réunit les terres de ses agnats Herman IX et Rodolphe V. 1361. † 1372.

BERNHARD I. Marg. 1372. introduit le droit d'aînesse 1380. réunit le margraviat de Hachberg 1415. † 1431. — RODOLPHE VII. Marg. 1380. † 1391.

JACQUES I. n. 1407. Marg. 1431. hérite du C. de Spouheim 1437. † 1453.

CHARLES I. Marg. 1453. † 1475. — BERNHARD II. Marg. † 1458. mis au nombre des saints. — Jean, Elect. de Trèves 1456. † 1503. — George, Evêque de Metz 1457. † 1484. — Marc, † 1478.

CHRISTOPHE I. n. 1453. Marg. 1475. réunit *Sausenberg, Rœteln* et *Badenweiler* 1503. † 1527. — Albert, Marg. n. 1456. reçoit Hachberg 1482. † 1488. — Frédéric, Evêque d'Utrecht, n. 1458. † 1517.

Jacques, n. 1471. Elect. de Trèves 1503. † 1519. — BERNHARD III. n. 1474. Marg. 1527. † 1536. — PHILIPPE I. n. 1478. Marg. 1527. † 1533. — ERNEST, n. 1482. Marg. 1527.

Tige de la branche de BADE-BADE. — Tige de la branche de BADE-DOURLACH.

Table CV. — Table CVI.

TABLE CV.
LES MARGGRAVES DE BADE-BADE, DEPUIS BERNHARD III. JUSQU'A LEUR EXTINCTION DANS LES MALES.

BERNHARD III. f. aîné du Marg. Christophe I. et tige de la branche de Bade-Bade (*Tab. CIV.*) n. 1474. Marg. 1527. introduit la réformation, † 1536. E. *Françoise de Luxembourg* 1535.

PHILIBERT, Marg. n. 1536. tué à la bataille de Montcontour 1569. E. *Mechtilde*, f. de Guillaume IV. D. de Bavière 1557. — *Christophe II. le Posthume*, n. 1537. obtient Rodemachern, † 1575. E. *Cécile*, f. de Gustave I. R. de Suède 1564.

PHILIPPE II. Marg. n. 1559. retourne à la religion catholique, † 1588. — EDOUARD, dit LE FORTUNÉ, n. 1565. succède dans le Haut-Margraviat 1588, se fait catholique, † 1600. E. *Marie van Eycken* 1591.

GUILLAUME, n. 1593. rétabli dans le Margraviat 1623. introduit de nouveau le catholicisme, † 1677. — *Herman*, dit *le Fortuné*, n. 1595. réside à Rodemachern, † 1664.

Ferdinand-Maximilien, Pr. héréd. n. 1625. † 1669. — Léopold-Guillaume, n. 1626. commande les troupes de l'Empire contre les Turcs 1664. † 1671. — *Herman*, n. 1628. Commissaire principal impérial à la diète 1687. † 1691.

LOUIS-GUILLAUME, n. 1655. Marg. 1677. s'illustre dans les guerres de l'Autriche contre les Turcs; bâtit le château de Rastadt, † 1707. E. *Françoise-Sibylle-Auguste*, Pr. de Saxe-Lauenbourg 1690. † 1733.

LOUIS-GEORGE, n. 1702. Marg. sous la tutelle de sa mère 1707. † 1761. — AUGUSTE-GEORGE, n. 1706. Marg. 1761. † 1771. le dernier de sa branche.

Elisabeth-Auguste, n. 1726. † 1781. — *Charles-Louis*, Pr. héréd. n. 1728. † 1734.

LES MARGGRAVES DE BADE-DOURLACH,

depuis le Marggrave Ernest jusqu'a nos jours.

TABL. CVI.

LES MARGGRAVES DE BADE-DOURLACH, DEPUIS LE MARGGRAVE ERNEST JUSQU'A NOS JOURS.

ERNEST, f. cadet du Marg. Christophe I. (*Tab CIV.*) et tige de la branche de Bade-Dourlach, n. 1482. succède en 1527. protège le luthéranisme, † 1553.

CHARLES, n. 1529. Marggr. 1553. introduit la réformation et le luthéranisme, † 1577.

ERNEST-FRÉDÉRIC, n. 1560. Marggr. 1577. s'empare du Haut-Margraviat 1594. professe le calvinisme 1599. † 1604. — *Jacques*, n. 1562. obtient Hachberg 1584. † 1590. — GEORGE-FRÉDÉRIC, Marggr. n. 1573. succède à son frère dans les deux Margraviats 160. professe le luthéranisme; résigne les Margraviats à son fils 1622. défait par Tilly à la bataille de Wimpfen 1622. † 1638.

FRÉDÉRIC V. n. 1594. Marggr. 1622. dépouillé du Haut-Margraviat 1623. † 1659.

FRÉDÉRIC VI. n. 1617. Marggr. 1659. † 1677. — *Charles Magnus*, n. 1621. Lieutenant-général au service de Suède, † 1658.

FRÉDÉRIC MAGNUS, n. 1647. Marggr. 1677. † 1709.

CHARLES-GUILLAUME, n. 1679. Marggr. 1709. construit Carlsrouh 1715. † 1738. — *Christophe*, n. 1684. † 1723.

Frédéric, Pr. héréd. n. 1703. † 1732. — *Charles-Auguste*, n. 1712. tuteur du Marggr. — *Charles-Frédéric* 1738. † 1780. — *Charles-Guill.-Eugène*, n. 1713. † 1782. — *Christophe*, n. 1717. † 1789.

CHARLES-FRÉDÉRIC, n. 1728. Marggr. 1738. prend. les rênes du gouvernement 1746. réunit le Margraviat de Bade - Bade 1771. Elect. 1803. Gr. D. et membre de la confédération du Rhin 1806. † 1811. E. 1. *Caroline-Louise*, f. de Louis VIII. Landgrave de Hesse-Darmstadt 1751. † 1783. 2. *Louise-Caroline*, f. de Philippe Geyer de Geyersberg 1787. créée Comtesse de Hachberg 1796. — *Guillaume-Louis*, n. 1732. † 1788.

1.		1.			2.	2.
Charles-Louis, Pr. héréd. n. 1755. † 1801. E. *Amélie*, f. de Louis IX. Landg. de Hesse-Darmstadt 1774.		*Frédéric*, Marg. n. 1756. E. *Christine-Louise* de Nassau-Usingen 1791.	*Louis*, Charles-Léopold 'réd., Margr. n. 1763. de Fachberg, n. 1790.	*Charles-Guillaume-Louis-Auguste*, C. de Hachberg, n. 1792.	*Amélie-Christine-Caroline*, C. de Hachberg, n. 1795.	*Maximilien-Frédéric-Jean-Ernest*, C. de Hachberg, n. 1796.
Catherine Amélie-Christine, n. 1776.	*Frédérique-Wilhelm.-Caroline*, n. 1776. E. Maximilien-Joseph, D. de Deux-Ponts 1797. depuis R. de Bavière.	*Louise-Marie-Auguste*, (Elisabeth Alexiewna) n. 1779. E. *Alexandre*, Emp. de Russie 1795.	*Frédérique-Dorothée-Wilhelmine*, n. 1781. E. Gustave IV Adolphe, R. de Suède 1797.	*Marie-Elisabeth-Wilhelmine*, née *Caroline-Louise*, n. 1782. † 1808. E. Guill. D. de Brunsvic-Oels, 1802.	CHARLES-LOUIS-FRÉDÉRIC, n. 1786. co-régent 1808. Gr. D. 1811. E. *Stéphanie - Louise - Adrienne-Napoléon* 1806.	*Wilhelmine-Louise*, n. 1788. E. *Louis*, Pr. héréd. de Hesse-Darmstadt 1804.

Louise - Amélie - Stéphanie, n. 1811.

ORIGINE DE LA MAISON DE HESSE,

ISSUE DES ANCIENS LANDGRAVES DE THURINGE, SEIGNEURS DE HESSE, ET DES DUCS DE BRABANT.

LES ANCIENS LANDGRAVES DE HESSE, DEPUIS HENRI L'ENFANT JUSQU'À L'ORIGINE DES DEUX BRANCHES DE HESSE-CASSEL ET DE HESSE-DARMSTADT.

TABLE CVII.

ORIGINE DE LA MAISON DE HESSE, ISSUE DES ANCIENS LANDGRAVES DE THURINGE, SEIGNEURS DE HESSE, ET DES DUCS DE BRABANT.

LANDGRAVES DE THURINGE, SEIGNEURS DE HESSE.

Louis I. Landgrave de Thuringe 1130. † 1140.

Louis II. Landgrave 1140. † 1168.

Louis III. Landgrave 1168. † 1190. — *Herman I.* Landgrave 1190. † 1215.

Jutta ou *Judith*, † 1235. E. Thierry, marggr. de Misnie, † 1229. — *Louis IV.* dit le Saint, n. 1200. Landgr. 1215. † 1228. E. *Sainte-Elisabeth*, f. d'André II. R. de Hongrie. — *Henri dit Raspé*, Landg. de Thur. & de Hesse 1240. Anti-Emp. 1246. † 1247. sans enf.

Henri l'Illustre, Marggr. de Misnie 1220. Landg. de Thuringe en vertu d'une expect. de l'Emp. Frédéric II. 1240. † 1287. — *Herman II.* né vers 1225. Landg. de Thuringe 1228. † 1240. sans enfans. — *Sophie*, n. 1224. † 1275. E. *Henri II.* D. de Lothier et de Brabant 1239.

DUCS DE LOTHIER ET DE BRABANT.

Godefroi, dit *le Barbu*, C. de Louvain, créé D. de la Basse-Lorraine ou de Lothier par l'Emp. Henri V. 1106. † 1139.

Godefroi II. D. de la Basse-Lorraine ou de Lothier 1139. † 1143.

Godefroi III. D. de la Basse-Lorraine ou de Lothier 1143. † 1190.

Henri I. D. de Lothier et de Brabant 1190. † 1235.

Henri II. D. de Lothier et de Brabant 1235. † 1247. E. 1. *Marie*, f. de l'Emp. Philippe de Suabe 1207 † 1239. 2. *Sophie*, f. de Louis IV. Landg. de Thuringe 1239.

Henri III. D. de Lothier et de Brabant 1247.
TIGE
des D. de BRABANT.

Henri I. dit *l'Enfant*, n. 1244. acquiert la *seigneurie de Hesse* à titre de Landgrave 1247. est créé Pr. d'Empire 1292. † 1308.
TIGE
des Landgr. de HESSE.

Table CVIII.

TABLE CVIII.

LES ANCIENS LANDGRAVES DE HESSE, DEPUIS HENRI L'ENFANT JUSQU'A L'ORIGINE DES DEUX BRANCHES DE HESSE-CASSEL ET DE HESSE-DARMSTADT.

HENRI I. dit *l'Enfant*, f. de Henri II. D. de Brabant et de Sophie de Thuringe (*Tab. CVII.*) premier Landgrave de Hesse 1247. † 1308.

OTTON, Landgrave de Hesse 1308. † 1328.

HENRI II. dit *de Fer*, Landgrave de Hesse 1328. † 1376. — LOUIS, Landgrave, † 1345.

HERMAN, dit *le Savant*, Landgrave de Hesse 1376. † 1413.

LOUIS I. dit *le Pacifique*, Landgrave de Hesse 1413. † 1458.

LOUIS II. dit *le Courageux*, Landgrave de Hesse 1458. † 1471. — HENRI III. Landgr. de Hesse 1458. † 1483. E. *Anne*, f. et héritière de Philippe, dernier C. de Catzenelnbogen.

GUILLAUME I. Landg. de Hesse 1471. abdique 1493. † 1511. — GUILLAUME II. Landgr. 1493. réunit toute la Hesse 1500. † 1509. — GUILLAUME III. Landg. de Hesse 1483. † 1500. sans enfans.

PHILIPPE I. dit *le Magnanime*, n. 1504. Landgr. de Hesse 1509. introduit la réformation depuis 1524. est fait prisonnier à la bataille de Muhlberg 1547. élargi 1552. † 1567. Ses états sont partagés entre ses fils.

GUILLAUME IV. né 1532.
TIGE
de la branche de HESSE-CASSEL.
|
Table CIX.

LOUIS, né 1537. obtient *Marbourg*, † 1604. sans enfans; sa succession entraine de longues contestations entre les branches de Cassel et de Darmstadt.

PHILIPPE, n. 1541. obtient *Rheinfels*, † 1585. sans enfans.

GEORGE I. né 1547.
TIGE
de la branche de HESSE-DARMSTADT.
|
Table CX.

TABLE CIX.

Les LANDGRAVES de HESSE-CASSEL et de HESSE-ROTHENBOURG.

TABLE CIX.
LES LANDGRAVES DE HESSE-CASSEL ET DE HESSE-ROTHENBOURG.

GUILLAUME IV. fils aîné de Philippe le Magnanime (*Tab. CVIII.*) né 1532. Landgrave de Hesse-Cassel 1567. † 1592.

MAURICE, n. 1572. Landgr. de Hesse-Cassel 1592. embrasse le calvinisme 1605. résigne en faveur de son fils 1627. † 1632.

HESSE-CASSEL.

GUILLAUME V. n. 1602. Landgrave 1627. introduit le droit d'aînesse de concert avec la branche de Darmstadt 1628. † 1637. E. *Amélie*, C. de Hanau, † 1651.

GUILLAUME VI. n. 1629. Landgrave 1637. † 1663.

GUILLAUME VII. n. 1651. Landgr. 1663. † 1670.	CHARLES, n. 1654. Landgr. 1670. † 1730.

FRÉDÉRIC I. n. 1676. R. de Suède 1720. Landgr. 1730. † 1751.
GUILLAUME VIII. n. 1682. hérite du C. de Hanau 1736. Landgr. 1751. † 1760.

FRÉDÉRIC II. n. 1720. se fait catholique 1754. Landgr. 1760. † 1785.

GUILLAUME IX. n. 1743. C. de Hanau 1760. Laudgrave 1785. Élect. 1803. perd ses états 1806. E. *Wilhelmine*, f. de Frédéric V. R. de Danemarck 1764.

Charles, Pr. de Hesse, n. 1744. gouv. des D. de Slesvic et de Holstein, E. *Louise*, f. de Frédéric V. R. de Danem. 1766.

Frédéric, Pr. de Hesse, n. 1747. E. *Caroline*, Pr. de Nassau – Usingen 1786.

Guillaume, n. 1787.

Frédéric-Guillaume, n. 1790.

Sophie, n. 1767. E. *Frédéric*, Pr. royal, aujourd. R. de Danemarck, 1790.

Frédérique, n. 1768. E. E. *Alexis*, D. d'Anhalt-Bernbourg, 1794.

Caroline, n. 1771. E. *Auguste*, D. de Saxe-Gotha. 1802.

Guillaume, n. 1777. E. *Auguste*, f. de Frédéric Guill. II. R. de Prusse 1797.

Caroline, n. 1799.

Frédéric-Guillaume, n. 1802.

HESSE-PHILIPPSTHAL.

Philippe, n. 1655. † 1721. tige de la branche apanagée de *Hesse-Philippsthal*.

Charles, n. 1682. Landgrave 1721. † 1770.

Guillaume, n. 1692. tige de la branche de *Hesse-Philippsthal-Barchfeld*.

Guillaume, n. 1726. Landgr. 1770. † 1810.

Louis, n. 1766. génér. au service du R. de Sicile.

Ernest, n. 1771. aide de camp gén. du R. de Westphalie.

Ferdinand-Guillaume, n. 1798.

Ferdinand, n. 1799.

Frédéric, n. 1771.

Juliane, n. 1773.

Christian, n. 1776.

Frédérique, n. 1804.

HESSE-ROTHENBOURG ou RHEINFELS.

ERNEST, n. 1623. se fait catholique 1652. † 1693. tige de la branche apanagée de Hesse-Rothenbourg.

GUILLAUME, n. 1648. Landgr. de Rotehnbourg 1693. † 1725.

ERNEST, n. 1684. Landgr. de Rothenbourg 1725. † 1749.

CONSTANTIN, n. 1716. Landgrave de Rothenbourg 1749. † 1778.

CHARLES-EMANUEL, né 1746. Landgr. 1778.

Victor-Amédée, n. 1779.

Charles, n. 1803.

Franç.-Auguste, n. 1805.

Charles-Constantin, Pr. de Hesse, n. 1752: signalé dans la révolution franç.

Wilhelmine, n. 1797.

Louise, n. 1796.

Louise, n. 1789.

N. N. un fils né le 9 oct. 1806, à Berlin.

LES LANDGRAVES DE HESSE DARMSTADT.

TABLE CX.

LES LANDGRAVES DE HESSE-DARMSTADT.

GEORGE I dit *le Pieux*, f. cadet de Philippe-*Magnanime* (*Tab. CVIII.*) n. 1547. † 1596.

Louis V. n. 1577. Landgrave 1598. fond. de l'université de Giessen 1607. † 1626.		Frédéric, n. 1586. TIGE
George II. n. 1605. Landgrave 1626. † 1661. Jean, n. 1609. † 1651.		de la branche de Hesse-Hombourg.
Louis VI. né 1630. Landgrave 1661. † 1678. George, n. 1653. † 1676.		Table CXI.

Louis VII. (Ernest-Louis) né 1667. Landgrave 1678. † 1739.	George, né 1669. Vice-Roi en Catal., † 1705.	Philippe, né 1671. gouv. de Mantoue, † 1734.	Frédéric, n. 1677. feld-maréchal-lieutenant au service de Russie, tué à la bataille de Liesna 1708.	
Louis VIII. né 1691. Landgrave 1739. † 1768. E. Charlotte-Christine, hérit. de Jean-Reinhard, dernier C. de Hanau, † 1736.				
Louis IX. né 1719. Laudgrave 1768. † 1790. E. Henriette-Caroline, Pr. de Deux-Ponts 1741. † 1774.	George-Guillaume, né 1722. † 1782. E. Louise, C. de Linange-Heidesheim 1748.		Caroline-Louise, née 1723. † 1783. E. Charles-Frédéric, Marggr. de Bade.	

	Louis-George-Charles, n. 1749.	Frédérique-Carol.-Louise, n. 1752. † 1782. E. Charles-Louis-Frédéric, Pr. de Mecklenbourg-Strelitz 1768.	Georges-Charles, n. 1754.	Charlotte-Wilhelm, n. 1755. † 1786. E. Charles-Louis-Fréd., Pr. de Mecklenbourg-Strelitz 1784.	Frédéric-George-Auguste-Guill. n. 1759.	Louise, n. 1761. E. Louis, Pr. hér. de Hesse-Darm. 1777.	Marie-Wilhelm. Auguste, n. 1765. † 1796. E. Maximilien-Joseph, Pr. de Deux-Ponts 1785.
Louis X. n. 1753. Landg. 1790. membre de la confédération du Rhin et Grand-Duc de Hesse 1806. E. Louise, f. de George-Guillaume, Pr. de Hesse-Darmstadt 1777.	Caroline, n. 1746. E. Frédéric-Louis, Landgr. de Hesse-Hombourg 1768.	Frédérique-Louise, n. 1751. † 1805. E. Frédéric-Guillaume II. R. de Prusse 1769.	Amélie-Frédérique, n. 1754. E. Charles-Louis, Pr. héréd. de Bade 1774. † 1801.	Wilhelmine (Natalie Alexiewna), n. 1755. † 1776. E. Paul-Petrowitsch, Gr.-D. de Russie 1773.	Louise, n. 1757. E. Charles-Louis, D. de Saxe-Weimar 1775.	Frédéric, né 1759. anc. col. au serv. de France † 1802.	Christian, n.1763. ancien lieut.-général au service de Hollande.
Louis, Pr. héréditaire, né 1777. E. Wilhelmine, f. de Charles-Louis, Pr. héréd. de Bade 1804.	Louise-Caroline, née 1779. E. Louis, Prince d'Anhalt-Coethen 1800. † 1802.	Louis-George-Frédéric, né 1780. E. Caroline, C. de Nidda 1804.	Frédéric-Auguste-Charles, né 1788.	Emile-Maximilien-Léopold, né 1790.	Gustave, né 1791. † 1806.		
Louis, né 1806. Charles, n. 1809.		Louise, C. de Nidda, n. 1804.					

TABLES CXI ET CXII.

LES LANDGRAVES DE HESSE-HOMBOURG.

TABLE GÉNÉRALE DE LA MAISON DE NASSAU,
REPRÉSENTÉE DANS SES DIFFÉRENTES BRANCHES.

TABLE CXI.
LES LANDGRAVES DE HESSE-HOMBOURG.

FRÉDÉRIC, f. cadet de George I. dit *le Pieux*, Landgrave de Hesse-Darmstadt (*Tab. CX.*) né 1585. † 1638. tige de la branche de Hesse-Hombourg.

GUILLAUME-CHRISTOPHE, Landgrave, né 1625. † 1681.   FRÉDÉRIC, Landgrave, né 1633. † 1708.

FRÉDÉRIC-JACQUES, Landgrave, né 1673. † 1746.   *Casimir-Guillaume*, n. 1690. † 1726.

FRÉDÉRIC-CHARLES-LOUIS-GUILLAUME, Landgrave, né 1722. † 1751.

FRÉDÉRIC-LOUIS-GUILLAUME-CHRISTIAN, Landgrave, né 1748. E. *Caroline*, f. de Louis IX. Landgrave de Hesse-Darmstadt 1768.

| Frédéric-Joseph-Louis,Pr. héréd. né 1769. | Louis-Guillaume, n.1770. E. *Auguste-Amélie*, Pr. de Nassau-Usingen 1804. | Caroline-Louise, n.1771. E. *Louis-Frédéric*, Pr. de Schwarzbourg-Rudolstadt 1791. † 1807. | Louise-Ulrique, née 1772. E. *Charl.-Günther*, Pr.deSchwarzb.-Rudolst. 1793. | Christine-Amélie, n. 1774. E. *Frédéric*, Pr. héréd. d'Anhalt-Dessau 1792. | Auguste-Frédérique, n. 1776. | Philippe-Auguste-Frédéric, n. 1779. | Gustave-Adolphe-Frédéric, n. 1781. | Ferdinand-Henri-Frédéric, né 1783. | Marie-Anne, née 1785. E. *Guillaume*,Pr. de Prusse 1804. | Léopold-Victor-Frédéric, n: 1787. |

TABLE CXII.
TABLE GÉNÉRALE DE LA MAISON DE NASSAU, REPRÉSENTÉE DANS SES DIFFÉRENTES BRANCHES.

Henri, dit *le Riche*, C. de Nassau, † vers 1250.

BRANCHE DE WALRAM.

Walram, C. de Nassau, † vers 1280.
Adolphe, C. de Nassau, Emp. 1292. † 1298.
Gerlach, C. de Nassau, † 1361.
Jean, C. de Nassau, † 1371.
Philippe I. C. de Nassau, † 1429.
Philippe II. C. de Nassau, † 1492.
Jean, C. de Nassau, † 1480. avant le père.
Louis, C. de Nassau, † 1523.
Philippe III. C. de Nassau, † 1559.
Albert, C. de Nassau, † 1593.
Louis, C. de Nassau, † 1627.

BRANCHE D'OTTON.

Otton, C. de Nassau, † 1292.
Henri, C. de Nassau, † 1323.
Otton, C. de Nassau, † 1369.
Jean, C. de Nassau, † 1400.
Engelbert, C. de Nassau, † 1442.
Jean, dit *le Vieux*, C. de Nassau, † 1475.
Jean, C. de Nassau, † 1516.
Guillaume, dit *le Vieux*, C. de Nassau, † 1559.

Guillaume, C. de Nassau, hérite de la principauté d'Orange 1544. † 1584. TIGE des Princes de NASSAU-ORANGE. Table XLIX.

Jean, dit *le Vieux*, C. de Nassau, Stadhouder de Gueldre et de Zutphen, n. 1535. † 1606.

| GUILLAUME LOUIS, C. de Nassau. † 1640. tige des branches de NASSAU-USINGEN et de SAARBRUCK. Table CXIII. | *Jean*, C. de Nassau, † 1677. tige de la branche de NASSAU-IDSTEIN, éteinte en 1761. | ERNEST-CASIMIR, C. de Nassau, † 1655. tige de la branche de NASSAU-WEILBOURG. Table CXIV. | *Jean*, dit *le Moyen*, C. de Nassau, † 1623. tige de la branche de NASSAU-SIEGEN, éteinte en Allemagne en 1743. | *George*, C. de Nassau, † 1623. tige de la branche de NASSAU-DILLENBOURG, éteinte en 1739. | ERNEST-CASIMIR, C. de Nassau, † 1632. tige de la branche de NASSAU-DIETZ. Table CXV. | *Jean-Louis*, C. de Nassau, † 1653. tige de la branche de NASSAU-HADAMAR, éteinte en 1711. |

TABLES CXIII ET CXIV.

Les Princes de NASSAU-USINGEN et de SAARBRUCK.

LES PRINCES DE NASSAU-WEILBOURG.

TABLE CXIII.

LES PRINCES DE NASSAU-USINGEN ET DE SAARBRUCK.

GUILLAUME-LOUIS, f. de Louis, C. de Nassau (*Tab. CXII.*) né 1590. † 1640.

WALRAD, Pr. de Nassau n. 1635. † 1702.

GUILLAUME-HENRI ; Pr. de Nassau, n. 1684. † 1718.

CHARLES, P. de *Nassau-Usingen*, né 1712. † 1775.

GUILLAUME-HENRI, Pr. de *Nassau-Saarbruck*, né 1718. † 1768.

CHARLES-GUILLAUME, né 1735. Pr. de *Nassau-Usingen* 1775, de *Nassau-Saarbruck* 1797. † 1803. E. *Caroline-Félicité*, Comtesse de Linange-Heidesheim 1760.

FRÉDÉRIC-AUGUSTE, né 1738. Prince de *Nassau-Usingen et de Saarbruck* 1803. Duc de Nassau-Using., et membre de la conféd. du Rhin 1806. E. *Louise*, Pr. de Waldeck 1775.

LOUIS, Pr. de *Nassau-Saarbruck*, né 1745. † 1794.

Caroline-Polyxène, n. 1762. E. *Frédéric*, Pr. de Hesse-Cassel 1786.

Louise-Henriette, né 1763.

Christiane-Louise, n. 1776. E. *Frédéric*, Pr. de Bade 1791.

Caroline-Frédérique, n. 1777. E. *Christian-Frédéric*, Pr. d'Anhalt-Cœthen 1792. séparée 1813.

Auguste-Amélie, n. 1778. E. *Louis*, Pr. de Hesse-Hombourg.

Louise-Marie, née 1782.

Frédérique-Victoire, n. 1784.

HENRI, dern. Pr. de *Nassau-Saarbruck*, n. 1768. † 1797. E. *Marie-Françoise*, Pr. de Montbarey 1785.

TABLE CXIV.

LES PRINCES DE NASSAU-WEILBOURG.

ERNEST-CASIMIR, C. de *Nassau-Weilbourg*, f. de Louis C. de Nassau (*Tab. CXII.*) n. 1607. † 1655.

FRÉDÉRIC, C. de *Nassau-Weilbourg*, n. 1640. † 1675.

JEAN-ERNEST, C. de *Nassau-Weilbourg*, né 1664. † 1719.

CHARLES-AUGUSTE, né 1685. C. 1719, preud le titre de *Prince de Nassau-Weilbourg* 1737. † 1753.

CHARLES-CHRISTIAN, n. 1735. Pr. de Nassau-Weilbourg 1753. † 1788.

Wilhelmine-Louise, n. 1765. E. *Henri XIII*. Pr. de Reuss-Greitz 1786.

FRÉDÉRIC-GUILLAUME, né 1768. Pr. de *Nassau-Weilbourg* 1788. Duc de Nassau-Weilbourg et membre de la confédér. du Rhin 1806. E. *Louise-Isabelle*, C. de Sayn-Hachenbourg 1788.

Caroline-Louise-Frédérique, n. 1772. E. *Charles*, P. de Wied-Runkel 1787.

Amélie-Charlotte-Wilhelmine-Louise, n. 1776. E. *Victor-Charles-Fréd.*, Pr. d'Auhalt-Bernbourg-Schaumbourg 1793.

Henriette, n. 1780. E. *Frédéric-Louis-Alexandre*, Pr. de Wurtemberg 1797.

George-Guillaume-Auguste-Henri, Prince héréditaire, n. 1792.

Henriette-Alexandrine-Frédérique-Wilhelmine, n. 1797.

Frédéric-Guillaume, n. 1799.

TABLES CXV ET CXVI.

LES PRINCES DE NASSAU-DIETZ.

TABLE GÉNÉRALE DE LA MAISON DU HOLSTEIN OU D'OLDENBOURG, REPRÉSENTÉE DANS SES BRANCHES ENCORE FLORISSANTES.

TABLE CXV.
LES PRINCES DE NASSAU-DIETZ.

ERNEST-CASIMIR, C. de Nassau-Dietz, f. du C. Jean, dit *le Vieux* (*Tab. CXII.*) n. 1573. Stadhouder de Frise et de Groningue 1620. † 1632.

HENRI-CASIMIR, C. de Nassau-Dietz, né 1611. Stadhouder de Frise et de Groningue 1632. † 1640.

GUILLAUME-FRÉDÉRIC, Pr. de Nassau-Dietz, né 1613. Stadhouder de Frise et de Groningue 1640. † 1664.

HENRI-CASIMIR, Pr. de Nassau-Dietz, né 1657. Stadhouder de Frise et de Groningue 1664. † 1696.

JEAN-GUILLAUME-FRISON, Pr. de Nassau-Dietz, né 1687. Stadhouder de Frise et de Groningue 1696. Pr. d'Orange et héritier testamentaire du roi Guillaume III. 1702. † 1711.

GUILLAUME-CHARLES-HENRI-FRISON, (Guillaume IV.) Pr. d'Orange-Nassau-Dietz, n. posthume 1711. proclamé Stadhouder héréd. des Provinces-Unies 1747. (*Tab. XLIX.*) † 1751. E. *Anne*, f. de George II. R. de la Grande-Bretagne 1734. † 1759.

GUILLAUME (V.) Pr. d'Orange-Nassau-Dietz, né 1748. Stadhouder héréd. de l'Union 1751. renonce au Stadhoudérat 1802. † 1806. (*Tab. XLIX.*) E. *Frédérique-Sophie-Wilhelmine*, f. d'Auguste-Guillaume, Pr. de Prusse 1767.

Frédérique-Louise-Wilhelmine, n. 1770. E. Charles-George-Auguste, Pr. hérédit. de Brunswick 1790. † 1806.

GUILLAUME-FRÉDÉRIC, n. 1772. Pr. de Fulde 1802. perd ses états 1807. E. *Frédérique-Wilhelmine-Louise*, f. de Frédéric-Guillaume II. R. de Prusse 1791.

Guillaume-Frédéric-George, né 1792. Guillaume-Frédéric-Charles, né 1797. Wilhelmine-Frédérique, n. 1810.

TABLE CXVI.
TABLE GENÉRALE DE LA MAISON DE HOLSTEIN OU D'OLDENBOURG, REPRÉSENTÉE DANS SES BRANCHES ENCORE FLORISSANTES.

Christian I. f. de Thierry-le-Fortuné, C. d'Oldenbourg, élu R. de Danemarck 1448. hérite des Ducs de Sleswick et de Holstein 1459. † 1481.

Frédéric I. R. de Danemarck et de Norwège, D. de Sleswick et de Holstein, † 1553.

Christian III. R. de Danemarck et de Norwège 1553. partage les Duchés de Sleswick et de Holstein avec ses frères, † 1559.

Jean, D. † 1580. sans enfans.

ADOLPHE, premier D. de Holstein-Gottorp 1544. † 1586.

Frédéric II. R. de Danemarck et de Norwège 1559.
TIGE de la BRANCHE ROYALE de DANEMARCK.
Table LX.

Jean, dit *le Jeune*, D. de Holstein-Sunderbourg 1564. † 1622.

FRÉDÉRIC II. D. de Holstein-Gottorp 1586. † 1587.

PHILIPPE, D. de Holstein-Gottorp 1587. † 1590.

JEAN-ADOLPHE, D. de Holstein-Gottorp 1590. † 1616.

Alexandre, D. de Holstein-Sunderbourg 1622. † 1627.

FRÉDÉRIC III. D. de Holstein-Gottorp 1616. † 1659.

Ernest-Gonthier, † 1689.
TIGE de la branche de HOLSTEIN-AUGUSTENBOURG.
Table CXVII.

Auguste-Philippe, † 1685.
TIGE de la branche de HOLSTEIN-BECK.
Table CXVIII.

FRÉDÉRIC IV. D. de Holstein-Gottorp 1694. † 1702. E. *Hedwige-Sophie*, sœur aînée de Charles XII, R. de Suède, 1698. † 1708.

Christian-Auguste, Pr.-Evêque de Lubeck 1705. † 1726.
TIGE de la BRANCHE ROYALE de SUÈDE et de celle de HOLSTEIN-OLDENBOURG.

CHRISTIAN-ALBERT, D. de Holstein-Gottorp 1659. † 1694.

CHARLES-FRÉDÉRIC, D. de Holstein-Gottorp 1702. † 1739.

CHARLES-PIERRE-ULRIC, D. de Holstein-Gottorp 1739. depuis Pierre III. Emp. de Russie, † 1762.
de la BRANCHE IMPÉRIALE de RUSSIE.
Table LXVIII.

Tables LXIII et CXIX.

TABLES CXVII, CXVIII ET CXIX.

LES DUCS DE HOLSTEIN-AUGUSTENBOURG.

LES DUCS DE HOLSTEIN-BECK.

LES DUCS DE HOLSTEIN-OLDENBOURG.

TABLE CXVII.
LES DUCS DE HOLSTEIN-AUGUSTENBOURG.

ERNEST-GONTHIER, f. du D. Alexandre de Holstein-Sunderbourg (Tab. CXVI.) n. 1609. † 1689. tige de la branche de *Holstein-Augustenbourg*.

FRÉDÉRIC, D. n. 1652. † 1692.   ERNEST-AUGUSTE, D. de Holstein-Augustenbourg, né 1660. † 1731.   *Frédéric-Guillaume*, né 1668. † 1714.

CHRISTIAN-AUGUSTE, né 1696. D. de Holstein-Augustenbourg 1731. † 1754.

FRÉDÉRIC-CHRISTIAN, né 1721. D. de Holstein-Augustenbourg 1754. † 1794. E. *Charlotte - Amélie - Wilhelmine*, Princesse de Holstein-Plœn 1762. † 1770.

FRÉDÉRIC-CHRISTIAN, n. 1765. D. de Holstein-Augustenbourg 1794. E. *Louise-Auguste*, f. de Christian VII. R. de Danemarck 1786.   *Louise - Christine - Caroline*, n. 1764.   *Frédéric-Charles-Emile*, n. 1767. E. une demoiselle Scheel 1801.   *Christian-Auguste*, n. 1768. désigné successeur au trône de Suède 1809. † 1810.

Caroline-Amélie, n. 1796.   *Christian-Charles-Frédéric-Auguste*, n. 1798.   *Frédéric-Auguste-Emile*, n. 1800.   *Frédéric*, n. 1802.   *Charlotte*, n. 1803.   *Pauline*, n. 1804.   *George*, n. 1805.   N. N. un fils, n. 1810.

TABLE CXVIII.
LES DUCS DE HOLSTEIN-BECK.

AUGUSTE-PHILIPPE, f. du D. Alexandre de Holstein-Sunderbourg (Tab. CXVI.) n. 1612. † 1675. tige des Ducs de *Holstein-Beck*.

AUGUSTE, D. de Holstein-Beck, n. 1653. † 1689.   FRÉDÉRIC-LOUIS, D. de Holstein-Beck, né 1654. † 1728.

FRÉDÉRIC-GUILLAUME, D. de Holstein-Beck, né 1682. † 1719.   CHARLES-LOUIS, D. de Holstein-Beck, n. 1690. † 1774.   PIERRE-AUGUSTE-FRÉDÉRIC, D. de Holstein-Beck, né 1696. † 1775.

Charles-Antoine-Auguste, Pr. de Holstein-Beck, n. 1727. † 1759.

FRÉDÉRIC-CHARLES-LOUIS, D. de Holstein-Beck, né 1757. E. *Frédérique-Amélie*, C. de Schlieben 1780.

Elisabeth-Frédérique-Sophie, née 1780. E. un Baron de Richthofen 1800 † 1808.   *Frédéric-Guillaume-Paul-Léopold*, Pr. de Holstein-Beck, né 1785, E. *Louise*, f. du Landgrave Charles de Hesse 1810.

N. N. une princesse, n. 1810.

TABLE CXIX.
LES DUCS DE HOLSTEIN-OLDENBOURG.

Christian-Auguste, f. cadet de Christian-Albert, D. de Holstein-Gottorp (Tab. CXVI.) administrateur du D. de Holstein-Gottorp 1702. évêque de Lubeck 1705. † 1726.

Charles, n. 1706. Évêque de Lubeck 1726. † 1727.   *Adolphe-Frédéric*, n. 1710. Évêque de Lubeck 1727. R. de Suède 1751. Tige de la BRANCHE ROYALE DE SUÈDE. Table LXIII.   FRÉDÉRIC-AUGUSTE, n. 1711. Prince-Évêque de Lubeck 1750. premier D. de Holstein - Oldenbourg 1774 et 1777. † 1785.   *George-Louis*, Pr. de Holstein-Gottorp, n. 1719. † 1763. E. *Sophie-Charlotte*, Princesse de Holstein-Beck 1760. † 1765.

PIERRE-FRÉDÉRIC-GUILLAUME, n. 1754. D. de Holstein-Oldenbourg 1785. membre de la confédération du Rhin le 14 octobre 1808.   *Hedwige-Elisabeth-Charlotte*, n. 1759. E. *Charles*, D. de Sudermanie 1774.   PIERRE-FRÉDÉRIC-LOUIS, n. 1755. Pr. de Lubeck et administrateur du duché de Holstein - Oldenbourg 1785. E. *Frédérique-Elisabeth- Amélie*, f. de Frédéric, Pr. de Wurtemberg 1781. † 1785.

Paul-Frédéric-Auguste, Pr. hérédit. n. 1785.   *George (Pierre-Frédéric)* n. 1784. E. *Catherine - Pawlowna*, Grande-Duchesse de Russie 1809.

N. N. un prince, né 1810.

TABLE GÉNÉRALE DE LA MAISON D'ANHALT, DITE AUSSI ASCANIENNE, DEPUIS HENRI-LE-GROS, SON FONDATEUR, JUSQU'A L'ORIGINE DES BRANCHES MODERNES DE CETTE MAISON.

LES PRINCES D'ANHALT-DESSAU.

TABLE GÉNÉRALE DE LA MAISON D'ANHALT, DITE AUSSI ASCANIENNE, DEPUIS HENRI-LE-GROS, SON FONDATEUR, JUSQU'A L'ORIGINE DES BRANCHES MODERNES DE CETTE MAISON.

LES PRINCES D'ANHALT-DESSAU.

TABLE CXX.

TABLE GÉNÉRALE DE LA MAISON D'ANHALT, DITE AUSSI ASCANIENNE, DEPUIS HENRI-LE-GROS, SON FONDATEUR, JUSQU'A L'ORIGINE DES BRANCHES MODERNES DE CETTE MAISON.

Albert, dit *l'Ours*, Marggrave du Nord et premier Electeur de Brandebourg 1157. † vers 1171.

Otton I. † vers 1198.
TIGE
de la BRANCHE ÉLECTORALE DE BRANDEBOURG, éteinte en 1320.

Bernhard, créé Duc de Saxe et Electeur, 1180. † vers 1212.

HENRI, dit *le Gros*, P. d'Anhalt et C. d'Ascherslebeu 1215 † vers 1252.

Albert, Duc et Electeur de Saxe vers 1212.

Sigefroy, Prince d'Anhalt, † vers 1296.
Albert I. Prince d'Anhalt, † 1316.
Albert II. Prince d'Anhalt, † 1362.
Jean I. Prince d'Anhalt, † 1382.
Sigismond, Prince d'Anhalt, † 1405.
George I. Prince d'Anhalt, † 1424.
Ernest, Prince d'Anhalt, † 1516.
Jean IV. Prince d'Anhalt, † 1551.
JOACHIM - ERNEST, Prince d'Anhalt, né 1536. † 1586.

Jean, † 1285.
TIGE
de la BRANCHE des Ducs de SAXE-LAUENBOURG, éteinte en 1689.

Albert II. † vers 1297.
TIGE
de la BRANCHE ÉLECTORALE DE SAXE, éteinte en 1422.

JEAN-GEORGE, né 1567.
TIGE
de la branche d'ANHALT-DESSAU.
Table CXXI.

CHRISTIAN, né 1568.
TIGE
de la branche d'ANHALT-BERNBOURG.
Table CXXII.

AUGUSTE, né 1575.
TIGE
de la branche d'ANHALT-CŒTHEN.
Table CXXIII.

RODOLPHE, né 1576.
TIGE
de la branche d'ANHALT-ZERBST.
Table CXXIV.

TABLE CXXI.
LES PRINCES D'ANHALT-DESSAU.

JEAN-GEORGE I. f. aîné de Joachim-Ernest, Pr. d'Anhalt (*Tab. CXX.*), né 1567. professe le calvinisme, † 1618.

JEAN-CASIMIR, Prince d'Anhali-Dessau, né 1596. † 1660.

JEAN-GEORGE II. Prince d'Anhalt-Dessau, né 1627. † 1693.

LÉOPOLD, Prince d'Anhalt-Dessau, né 1693. s'illustre dans la guerre; introduit le droit de primogéniture dans sa branche 1727. † 1747.

LÉOPOLD-MAXIMILIEN, Pr. d'Anhalt-Dessau, né 1700. † 1751. *Guillaume-Gustave*, né 1699. † 1737. tige d'une branche de *Comtes d'Anhalt*.

LÉOPOLD-FRÉDÉRIC-FRANÇOIS, Pr. d'Anhalt-Dessau, né 1740. succède à son père 1751. D. d'Anhalt-Dessau et membre de la confédération du Rhin 1807. E. *Louise-Henriette-Wilhelmine*, f. de Henri-Frédéric, Marggrave de Brandebourg-Schwedt 1767.   *Jean-George*, né 1748.   *Albert*, né 1750. E. *Henriette-Caroline-Louise*, C. de la Lippe 1774. † 1795.

Frédéric, P. c. héréditaire, né 1769. E. *Christiane-Amélie*, f. de Frédéric, Landgrave de Hesse-Hombourg 1792.

| *Amélie-Auguste*, née 1795. | *Léopold-Frédéric*, né 1794. | *George-Bernhard*, né 1796. | *Louise-Frédérique*, née 1798. | *Frédéric-Auguste*, né 1799. | *Guillaume-Woldemar*, né 1807. |

TABLES CXXII, CXXIII ET CXXIV.

LES PRINCES D'ANHALT-BERNBOURG.

LES PRINCES D'ANHALT-COETHEN.

LES PRINCES D'ANHALT-ZERBST.

TABLE CXXII.
LES PRINCES D'ANHALT-BERNBOURG.

CHRISTIAN I. f. puîné de Joachim-Ernest (*Tab. CXX.*) né 1568. † 1630.

CHRISTIAN II. Prince d'Anhalt-Bernbourg, né 1599. † 1656.

VICTOR-AMÉDÉE, Pr. d'Anhalt-Bernbourg, n. 1634. † 1718.

CHARLES-FRÉDÉRIC, Pr. d'Anhalt-Bernbourg, né 1668. † 1721.	*Lebrecht*, né 1669. † 1727. TIGE de la branche des Princes d'ANHALT-SCHAUMBOURG.
VICTOR-FRÉDÉRIC, Pr. d'Anhalt-Bernbourg, n. 1770. † 1765.	
FRÉDÉRIC-ALBERT, Prince d'Anhalt-Bernbourg, né 1735. † 1796.	*Frédérique-Auguste-Sophie*, n. 1744. E. *Frédéric-Auguste*, dernier P. d'Anhalt-Zerbst 1764. † 1793.
ALEXIS-FRÉDÉRIC-CHRISTIAN, Pr. d'Anhalt-Bernbourg, né 1767. D. d'Anhalt-Bernbourg 1806. accède à la confédération du Rhin 1807. E. *Marie-Frédérique*, Princesse de Hesse-Cassel 1794.	*Pauline-Christine-Wilhelmine*, n. 1769. E. *Frédéric-Guillaume-Léopold*, Prince de Lippe-Detmold 1796. † 1802.

Wilhelmine-Louise, n. 1799.   *Alexandre-Charles*, Prince héréditaire, n. 1805.

TABLE CXXIII.
LES PRINCES D'ANHALT-COETHEN.

AUGUSTE, troisième fils de Joachim-Ernest (*Tab. CXX.*) Prince d'Anhalt-Plœtzgau, n. 1575. † 1653.

LEBRECHT, Pr. d'Anhalt-Plœtzgau, né 1622. hérite de Cœthen 1665. † 1669.	EMANUEL, né 1631. Pr. d'Anhalt-Cœthen, 1669. † 1670.
	EMANUEL-LEBRECHT, Pr. d'Anhalt-Cœthen, né 1671. posthume, † 1704.
LÉOPOLD, Pr. d'Anhalt-Cœthen, n. 1694. † 1728.	AUGUSTE-LOUIS, Pr. d'Anhalt-Cœthen, né 169. † 1755.
CHARLES-GEORGE-LEBRECHT, Pr. d'Anhalt-Cœthen, né 1730. † 1789.	*Frédéric-Erdmann*, né 1731. Pr. d'Anhalt-Pless 1765 † 1797.

| AUGUSTE-CHRISTIAN-FRÉDÉRIC, Pr. d'Anhalt-Cœthen, né 1769. Duc et membre de la confédération du Rhin 1807. † 1812. E. *Caroline-Frédérique*, Pr. de Nassau-Usingen. 1792. divorcé en 1803. | *Louis*, f. du D. Gr. de Hesse-Darmstadt 1802. E. *Louise*, f. du D. Gr. de Hesse-Darmstadt 1810. †1811. | *Frédéric-Ferdinand*, né 1769. Pr. d'Anhalt-Pless 1797. | *Henri*, n. 1778. | *Christian-Frédéric*, n. 1780. | *Louise*, n. 1783. |

LOUIS-AUGUSTE-CHARLES-FRÉDÉRIC, n. 1802. posthume. D. d'Anhalt-Cœthen 1812. sous l'administration du D. d'Anhalt-Dessau.

TABLE CXXIV.
LES PRINCES D'ANHALT-ZERBST.

RODOLPHE, quatrième fils de Joachim-Ernest (*Tab. CXX.*) né 1576. † 1621.

JEAN, Pr. d'Anhalt-Zerbst, né 1621. hérite, par sa mère, de la seigneurie de Jevern, † 1667.

CHARLES-GUILLAUME, Pr. d'Anhalt-Zerbst, né 1652. † 1718.	*Jean-Louis*, né 1656. † 1704. E. *Christine-Éléonore* de Zeitsch 1687. † 1699.
JEAN-AUGUSTE, Pr. d'Anhalt-Zerbst, né 1677. † 1742.	CHRISTIAN-AUGUSTE, né 169. Pr. d'Anhalt-Zerbst 1742. † 1747.
Sophie-Auguste-Frédérique (Catherine Alexiewna) depuis Imp. de Russie, n. 1729. † 1796. E. *Pierre-Fedorowitsch*, Grand-Duc de Russie 1745. † le 17 juillet 1762.	FRÉDÉRIC-AUGUSTE, dernier Pr. d'Anhalt-Zerbst, né 1734. † 1793. sans enfans, E. 1. *Caroline-Wilhelmine-Sophie*, Pr. de Hesse-Cassel 1753. † 1759. 2. *Frédérique-Auguste-Sophie*, Pr. d'Anhalt-Bernbourg 1764.

TABLES CXXV ET CXXVI.

Les Anciens Princes et Seigneurs de MECKLENBOURG
avant la dignité ducale.

Les Ducs de MECKLENBOURG depuis le Duc ALBERT I.
jusqu'a l'origine des deux branches actuelles de
SCHWERIN et de STRELITZ.

TABLE CXXV.
LES ANCIENS PRINCES ET SEIGNEURS DE MECKLENBOURG AVANT LA DIGNITÉ DUCALE.

Niclot, Prince des Obotrites, tué 1161.

Pribislav, Pr. des Slaves, † 1181.   *Wertislav*, † 1164.

Henri Borwin I. Pr. de Mecklenbourg, † 1226. E. *Mechtilde*, f. de Henri-Lion 1166.   *Nicolas I.* Pr. des Venedes, † 1197.

Henri Borwin II. Seigneur de Rostock, † 1226.   *Nicolas II.* Seigneur de Mecklenbourg, † 1225.

Jean I. Seigneur de Mecklenbourg, † 1264.   *Nicolas III.* Seign. de Rostock, † 1276, tige de la branche de *Werle*, éteinte en 1436.   *Henri Borwin III.* Seigneur de Rostock, † vers 1278.

Henri I. Seigneur de Mecklenbourg, † vers 1301.   *Albert*, † vers 1266.

Henri II. Seigneur de Mecklenbourg, † 1329.   *Jean*, † 1289.

ALBERT I. créé Duc de Mecklenbourg 1348.   *Jean*, † vers 1392, tige de la branche de *Stargard*, éteinte en 1471.

Table CXXVI.

TABLE CXXVI.
LES DUCS DE MECKLENBOURG DEPUIS LE DUC ALBERT I. JUSQU'A L'ORIGINE DES DEUX BRANCHES ACTUELLES DE SCHWERIN ET DE STRELITZ.

ALBERT I. f. de Henri II. S. de Mecklenbourg (*Tab. CXXV.*) premier Duc de Mecklenbourg, créé en 1348. † 1379. E. *Eufémie*, f. du Duc Eric de Suède 1336.

HENRI I. D. de Mecklenbourg 1379. † 1383. E. *Ingeburg*, f. de Waldemar IV. R. de Danemarck 1350.   ALBERT II. D. de Mecklenbourg 1379. R. de Suède 1365. déposé 1389. † 1412.   MAGNUS I. D. de Mecklenbourg 1379. † 1385.

ALBERT III. D. de Mecklenbourg 1385. † 1388.   ALBERT IV. D. de Mecklenbourg 1412. † 1423.   JEAN I. D. de Mecklenbourg 1385. † 1422.

HENRI II. D. de Mecklenbourg 1422. † 1477.   JEAN II. D. de Mecklenbourg 1422. † 1443.

ALBERT V. D. de Mecklenbourg 1477. † 1483.   MAGNUS II. D. de Mecklenbourg 1477. † 1503.   BALTHASAR, D. de Mecklenbourg 1477. † 1507.

HENRI III. dit *le Pacifique*, D. de Mecklenb. 1503. introduit la réformation, † 1552.   ALBERT VI. D. de Mecklenbourg 1503. † 1547.

PHILIPPE, D. de Mecklenbourg 1552. † 1557.   JEAN-ALBERT I. D. de Meckl. 1547. introduit la réformation et le droit de primogéniture, † 1575.   ULRIC, D. 1547. † 1603.   GEORGE, D. 1547. † 1552.   CHRISTOPH, D. 1547. † 1592.   CHARLES, D. 1547. † 1610.

JEAN III. D. de Mecklenbourg 1575. † 1592.   *Sigismond-Auguste*, n. 1560. † 1603.

ADOLPHE-FRÉDÉRIC I. n. 1588. D. de Meckl. 1592. † 1658.   JEAN-ALBERT II. D. de Meckl. 1592. partage avec son frère 1621. et fonde la branche de GUSTROW, éteinte en 1695.

CHRISTIAN-LOUIS, n. 1625. D. de Mecklenbourg-Schwerin 1658. † 1692.   *Frédéric*, n. 1658. TIGE de la branche actuelle de SCHWERIN.   *Adolphe-Frédéric II.* n. 1658. TIGE de la branche de STRELITZ.

Table CXXVII.   Table CXXVIII.

TABLES CXXVII ET CXXVIII.

LES DUCS DE MECKLENBOURG-SCHWERIN.

LES DUCS DE MECKLENBOURG-STRELITZ.

TABLE CXXVII.
LES DUCS DE MECKLENBOURG-SCHWERIN.

Frédéric, f. puîné du Duc Adolphe-Frédéric I. (*Tab. CXXVI.*) n. 1638. D. de Grabow, † 1688.

FRÉDÉRIC-GUILLAUME, né 1675. D. de Mecklenbourg-Schwerin 1692. † 1713. | CHARLES-LÉOPOLD, n. 1678. D. de Mecklenbourg-Schwerin 1713. † 1747. E. *Catherine Iwanowna* de Russie 1716. † 1733. | CHRISTIAN-LOUIS, n. 1683. D. de Mecklenbourg-Schwerin 1747. † 1756.

Elisabeth-Catherine-Christine, n. 1718. prend le nom d'*Anne*, Grande-Duchesse de Russie et Régente 1740. † 1746. E. *Antoine-Ulric*, Pr. de Brunswick 1739. | FRÉDÉRIC, n. 1717. D. de Mecklenbourg - Schwerin 1756. † 1785. | *Louis*, n. 1726. † 1778. E. *Charlotte-Sophie*, Pr. de Saxe-Cobourg 1755.

FRÉDÉRIC-FRANÇOIS, né 1756. D. de Mecklenbourg-Schwerin 1785. accède à la confédération du Rhin le 20 février 1808. E. *Louise*, P. de Saxe-Gotha 1775. † 1808. | *Sophie-Frédérique*, n. 1758. † 1794. E. *Frédéric*, Pr. héréd. de Danemarck 1774.

Frédéric-Louis, Pr. héréditaire, n. 1778. E. 1. *Hélène-Pawlowna*, Grande-Duchesse de Russie 1799. † 1803. 2. *Caroline-Louise*, Pr. de Saxe-Weimar 1810. | *Gustave-Guillaume*, n. 1781. | *Charles-Auguste-Christian*, n. 1782. | *Charlotte-Frédérique*, n. 1784. E. *Christian-Frédéric*, Pr. de Danemarck. | *Adolphe-Frédéric*, n. 1785.

Paul-Frédéric, né 1800. | *Marie-Louise-Frédérique-Alexandrine-Elisabeth-Charlotte*, n. 1803.

TABLE CXXVIII.
LES DUCS DE MECKLENBOURG-STRELITZ.

ADOLPHE-FRÉDÉRIC II. f. du D. Adolphe-Frédéric I. (*Tab. CXXV.*) n. 1658. D. de Mecklenbourg-Strelitz, † 1708.

ADOLPHE-FRÉDÉRIC III. né 1686. D. de Mecklenbourg-Strelitz 1708. † 1752. | *Charles-Louis-Frédéric*, n. 1708. † 1752. E. *Elisabeth-Albertine*, Pr. de Saxe-Hildburghausen 1735. † 1761.

ADOLPHE-FRÉDÉRIC IV. n. 1738. D. de Mecklenb.-Strelitz 1752. † 1794. | CHARLES-LOUIS-FRÉDÉRIC, n. 1741. D. de Mecklenbourg-Strelitz 1794. accède à la confédération du Rhin le 20 février 1808. E. 1. *Frédérique-Caroline*, Pr. de Hesse-Darmstadt 1768. † 1782. 2. *Charlotte-Wilh.-Christiane*, Pr. de Hesse-Darmstadt 1784. † 1785. | *Ernest-Gottlob-Albert*, n. 1742. | *Sophie-Charlotte*, n. 1744. E. *George III.* R. de la Grande-Bretagne 1761.

Charlotte-Georgine-Louise-Frédérique, née 1769. E. *Frédéric*, D. de Saxe-Hildburghausen 1785. | *Thérèse-Mathilde-Amélie*, n. 1775. E. *Charles-Alexandre*, Pr. de la Tour et Taxis 1789. | *Louise-Auguste-Wilhelm.*, née 1776. † 1810. E. *Frédér.-Guill.* III. R. de Prusse 1793. | *Frédérique-Caroline-Sophie*, n. 1778. E. 1. *Louis*, Pr. de Prusse 1793. † 1796. 2. *Frédéric*, Pr. de Solms-Braunfels 1798. | *George Frédéric-Charles-Joseph*, Pr. héréditaire, n. 1779. | *Charles-Frédéric-Auguste*, n. 1785.

TABLES CXXIX ET CXXX.

ORIGINE DE LA MAISON DUCALE ET ÉLECTORALE
DE BRUNSWICK.

LES ANCIENS DUCS DE BRUNSWICK ET
DE LUNEBOURG.

TABLE CXXIX.
ORIGINE DE LA MAISON DUCALE ET ÉLECTORALE DE BRUNSWICK.

Azo d'Este, † 1097. E. 1. *Cunegonde*, héritière de l'ancienne maison des Guelphes, éteinte dans les mâles en 1055. 2. *Gersinde*, f. de Hugues, C. du Maine.

1.	2.
Guelphe, créé D. de Bavière 1070. † 1101.	*Foulques*, † vers 1136, tige de la maison d'Este et de Modène.
Guelphe, D. de Bavière 1101. † 1120. E. la fameuse comtesse *Mathilde*, sép. 1095. † 1115.	*Henri*, dit *le Noir*, D. de Bavière 1120. † 1127. E. *Wulfhild*, f. et héritière de Magnus, dernier D. de Saxe de la maison des Billings.
Henri, dit *le Superbe*, D. de Bavière 1127. et D. de Saxe 1136. mis au ban de l'empire 1138. † 1139. E. *Gertrude*, f. de l'Emp. Lothaire de Saxe et héritière des biens de C. de Northeim et de Supplingburg dans la Basse-Saxe, † 1143.	*Guelphe*, investi des terres de la Comtesse Mathilde par l'Emp. Frédéric Barberousse 1153. † 1191. Ses biens en Suabe passent à la maison de Hohenstaufen.
Henri, dit *le Lion*, n. 1129. recouvre le D. de Saxe 1142. et celui de Bavière 1156. proscrit par l'Emp. Frédéric Barberousse et dépouillé des duchés de Saxe et de Bavière 1180. † 1195. E. 1. *Clémence*, f. de Conrad, D. de Zaringen, répudiée 1167. 2. *Mathilde*, f. de Henri II. R. d'Angleterre 1168. † 1189.	
Henri, n. 1173. C. palatin du Rhin 1195. proscrit en 1215. † 1227. E. *Agnès*, f. de Conrad, C. palatin du Rhin 1194. † 1204.	*Otton IV.* Emp., † 1218. (*voyez Tab. XV.*)	*Guillaume*, surnommé *à la longue épée*, n. 1184. † 1212. E. *Hélène*, f. de Waldemar I. R. de Danemarck 1202.
Agnès, † 1269. E. *Otton l'Illustre*, D. de Bavière et C. palatin du Rhin. (*voyez Tab. LXXXIII.*)	*Otton*, surnommé *l'Enfant*, n. 1204. hérite des vastes terres que possédoit la maison des Guelphes dans la Basse-Saxe, créé premier D. de Brunswick et de Lunebourg 1235.

Table CXXX.

TABLE CXXX.
LES ANCIENS DUCS DE BRUNSWICK ET DE LUNEBOURG DEPUIS OTTON, DIT L'ENFANT, JUSQU'A ERNEST, DIT LE CONFESSEUR. 1235 — 1546.

Otton, dit *l'Enfant*, f. de Guillaume, et petit-fils de Henri-le-Lion (*Tab. CXXIX*.) créé par l'Emp. Frédéric II, premier D. de Brunswick 1235. † 1252.

Albert, dit *le Grand*, † 1279. tige de la *branche ancienne de Brunswick*.	*Jean*, † 1277. tige de la *branche ancienne de Lunebourg*, éteinte dans les mâles avec le D. Guillaume, † 1369.
Albert, dit *le Gros*, D. de Brunswick 1279. † 1318.	
Magnus, dit *le Pieux*, D. de Brunswick 1318. † 1368.	
Magnus, dit *Torquatus*, D. de Brunswick 1368. hérite du duché de Lunebourg 1369. † 1378.	

Frédéric, D. de Brunswick, candidat pour le trône impérial et tué 1400.	*Bernhard*, D. de Lunebourg, † 1434. tige de la *branche moyenne de Lunebourg*.	*Henri*, D. de Brunswick, † 1416. tige de la *branche moyenne de Brunswick*.
	Frédéric, dit *le Pieux*, D. de Lunebourg, résigné 1459. † 1478.	*Guillaume*, dit *le Victorieux*, D. de Brunsw. 1416. † 1482.
	Otton, dit *le Magnanime*, D. de Lunebourg, 1461.	*Guillaume*, dit *le jeune*, D. de Brunsw. 1482. résigne 1495. † 1503.
	Henri, dit *le jeune*, D. de Lunebourg 1471. proscrit 1521. †1532.	*Henri*, dit *l'aîné*, D. de Brunswick 1495. † 1514.
Ernest, dit *le Confesseur*, D. de Luneb., adhère à la confession d'Augsbourg 1530. † 1546.		*Henri*, dit *le jeune*, D. de Brunswick 1514. introduit le droit de primogéniture. † 1568.
Henri, n. 1533. tige des *nouveaux Ducs de Brunswick-Wolfenbüttel*.	*Guillaume*, n. 1535. tige des *nouveaux Ducs de Brunswick-Lunebourg et Électeurs d'Hanovre*.	*Jules*, D. de Brunswick 1568. introduit la réformation; fondateur de l'université de Helmstadt 1576. † 1589.
Table CXXXI.	*Table CXXXII.*	*Henri-Jules*, D. de Brunswick 1589. † 1613.
		Frédéric-Ulric, D. de Brunswick 1613. † 1634 sans enfans. Ses états passent aux descendans d'Ernest, dit le Confesseur.

TABLES CXXXI ET CXXXII.

LES NOUVEAUX DUCS DE BRUNSWICK-WOLFENBUTTEL.

LES NOUVEAUX DUCS DE BRUNSWICK-LUNEBOURG ET ÉLECTEURS D'HANOVRE.

TABLE CXXXI.
LES NOUVEAUX DUCS DE BRUNSWICK-WOLFENBUTTEL.

HENRI, D. de Lunebourg, fils aîné d'Ernest, dit le Confesseur (*Tab. CXXX.*) n. 1533. partage avec son frère Guillaume 1569. † 1598.

JULES-ERNEST, n. 1571. D. de Lunebourg 1598. † 1636. sans enfans mâles.		AUGUSTE, n. 1579. D. de Luneb. 1598. hérite des états de la branche moyenne de Brunswick, éteinte en 1634. et partage avec ses agnats; premier D. de Brunswick-Wolfenbüttel, † 1666.		
RODOLPHE-AUGUSTE, n. 1626. D. de Brunswick-Wolfenbüttel 1666. soumet la ville de Brunsw. 1671. † 1704.	ANTOINE-ULRIC, n. 1633. D. de Brunswick-Wolfenb. 1704. † 1714.		Ferdinand-Albert, n. 1636. réside à Bevern, † 1687.	
AUGUSTE-GUILLAUME, n. 1662. D. de Brunsw. Wolfenbüttel 1714. † 1731.	LOUIS-RODOLPHE, n. 1671. D. de Brunsw. Wolfenbüttel 1731. † 1735. sans enfans mâles.		Ferdinand-Albert, n. 1680. D. de Brunsw.-Wolfenbüttel 1735. † 1735.	Ernest-Ferdinand, D. de Bevern, n. 1682. † 1746.
CHARLES, n. 1713. D. de Brunswick-Wolfenbüttel 1735. † 1780. E. *Philippine-Charlotte*, f. de Frédéric-Guillaume I. R. de Prusse 1733.	Antoine-Ulric, né 1714. † 1775. E. *Anne*, Grande-Duchesse de Russie 1739. † 1746. (*v. Tab. LVIII.*)	Louis-Ernest, n. 1718. Feld-maréchal-général au service d'Hollande, gouverneur de Boisle-Duc, résigne 1784. † 1786.	Ferdinand, n. 1721. Feld-maréchal-général au service de Prusse, s'illustre dans la guerre de sept ans, † 1792.	Auguste-Guillaume, D. de Bevern, né 1715. † 1781.	Charles-Fréd.-Ferdin. n.1729. D. de Brunsw. Bevern 1781. † 1809 sans enfans.
CHARLES-GUILLAUME-FERDINAND, n. 9 oct. 1735. illustré dans la guerre de sept ans, comme Pr. héréditaire; D. de Brunswick-Wolfenbüttel 1780. † le 10 nov. 1807. des blessures qu'il avoit reçues à la bataille d'Iena, E. *Augustine-Frédérique*, f. de Fréd.-Louis, Prince de Galles 1764.		Frédéric-Auguste, n. 1740. † 1805. D. de Brunsw.-Oels, 1792. en vertu de son mariage avec Sophie-Charlotte-Auguste, f. de Charles-Christian-Erdmann, D. de Wurtemberg-Oels 1788.		Maximilien-Jules-Léopold, n. 1752. périt le 27 avril 1785. à la grande inondation de Francfort sur l'Oder, en faisant des efforts pour sauver la vie à plusieurs individus.
Auguste-Caroline-Frédérique-Louise, n. 1764. † 1788. E. Frédéric, alors Pr. (auj. R.) de Würtemberg 1780.	Charles-George-Auguste, Pr. héréd. n. 1766. † 1806. E. *Frédérique*, Pr. de Nassau-Orange 1790.	Caroline-Amélie-Elisabeth, n. 1768. E. *George*, Pr. de Galles 1795.	George-Guill. Christian, né 1769.	Auguste, n. 1770. commandeur de Supplinbourg 1790.	Frédéric-Guillaume, n. 1771. déclaré en 1785 par Frédéric II. R. de Prusse, successeur éventuel de la principauté d'Oels, D. de Brunswick-Oels 1805. E. *Marie*, f. de Charles-Louis, Pr. hérédit. de Bade 1802. † 1808.
				Charles-Guillaume-Ferdinand, n. 1804.	Guillaume, n. 1806.

TABLE CXXXII.
LES NOUVEAUX DUCS DE BRUNSWICK-LUNEBOURG ET ÉLECTEURS D'HANOVRE.

GUILLAUME, fils cadet d'Ernest, dit le Confesseur (*Tab. CXXX.*) n. 1535. D. de Lunebourg-Zell 1569. † 1592. E. *Dorothée*, f. de Christian III. R. de Danemark 1561.

ERNEST, n. 1564. D. de Lunebourg-Zell 1592. † 1611.	CHRISTIAN, n. 1566. Evêque de Minden 1599. D. de Lunebourg-Zell, en vertu d'un pacte de famille défendant les partages 1611. † 1633.	Auguste, dit l'aîné, n. 1568. Ev. de Ratzebourg 1610. D. de Lunebourg-Zell 1633. † 1636.	FRÉDÉRIC, n. 1574. D. de Luneb.-Zell 1636. † 1648.	GEORGE, n. 1582. D. de Luneb.-Calenberg 1636. † 1641.
CHRISTIAN-LOUIS, n. 1622. D. de Lunebourg-Calenberg 1641. D. de Zell 1648. † 1665.	GEORGE-GUILLAUME, n. 1624. D. de Luneb.-Zell 1648. † 1705.	JEAN-FRÉDÉRIC, n. 1625. D. de Luneb.-Calenb. 1665. † 1679.	ERNEST-AUGUSTE, n. 1629. Ev. d'Osnabruck 1661. D. de Lunebourg-Calenberg 1679. premier Elect. de sa maison 1692. † 1698. E. *Sophie*, f. de Frédéric V. Elect. palatin et d'Elisabeth d'Angleterre (*Tab. XXXVI.*) mar. en 1658. déclarée hérit. du trône de la Gr.-Bretagne 1701. † le 8 juin 1714.	

GEORGE-LOUIS (George I.) n. 1660. Elect. d'Hanovre 1698. hérite du duché de Lunebourg-Zell 1705. R. de la Grande-Bretagne du chef de sa mère 1714.

Table XLVIII.

TABLE CXXXIII.

Les DUCS de la HAUTE-LORRAINE ou MOSELLANE,
depuis GÉRARD D'ALSACE jusqu'au DUC ANTOINE.
1048 — 1508.

TABLE CXXXIII.

LES DUCS DE LA HAUTE-LORRAINE OU MOSELLANE, DEPUIS GÉRARD D'ALSACE JUSQU'AU DUC ANTOINE. 1048 — 1508.

1. GÉRARD d'Alsace, créé D. de la Haute-Lorraine ou Mosellane 1048. † 1070.

2. THIERRY, D. de Lorraine 1070. † 1115.   *Gérard*, C. de Vaudemont, tige de la première branche de Vaudemont, éteinte en 1346.

3. SIMON I. D. de Lorraine 1115. † 1138.   *Thierry d'Alsace*, C. de Flandre du chef de sa mère 1137. † 1168.

4. MATHIEU II. D. de Lorraine 1138. † 1176.

5. SIMON II. D. de Lorraine 1176. résigne 1205. † 1207.   6. FERRY ou FRÉDÉRIC I. S. de Bitsch, D. de Lorraine 1205. † vers 1206.

7. FERRY ou FRÉDÉRIC II. D. de Lorraine 1206. † 1213.   *Thierry d'Enfer* ou *le Diable*, tige des marquis du Châtelet.

8. THIBAUT I. D. de Lorraine 1213. † 1220.   9. MATHIEU II. D. de Lorraine 1220. † 1251.

10. FERRY ou FRÉDÉRIC III. D. de Lorraine 1251. † 1303.

11. THIBAUT II. D. de Lorraine 1303. † 1312.

12. FERRY ou FRÉDÉRIC IV. D. de Lorraine 1312. † 1328.

13. RAOUL ou RODOLPHE, D. de Lorraine 1328. † 1346.

14. JEAN I. D. de Lorraine 1346. † 1390.

15. CHARLES I. dit *le Hardi*, D. de Lorraine 1390. † 1431.   *Ferry* ou *Frédéric I.* C. de Vaudemont, † 1415.

16. ISABELLE, Duchesse héritière de Lorraine 1431. † 1453. E. *René I.* C. d'Anjou, héritier du D. de Bar 1430. mar. 1431. C. de Provence et R. tit. de Naples 1434. † 1480.   *Antoine*, C. de Vaudemont, s'érige en D. de Lorraine 1451. † vers 1457.

17. JEAN II. D. de Lorraine et de Bar 1453. † 1470.   19. JOLANTHE, Duchesse de Lorraine et de Bar 1473. † 1482. E. *Ferry*, C. de Vaudemont 1445.   *Ferry* ou *Frédéric II.* C. de Vaudemont, † 1472. E. *Jolanthe*, f. de René I. et d'Isabelle de Lorraine.

18. NICOLAS, D. de Lorraine et de Bar 1470. † 1473.   20. RENÉ II. D. de Lorraine et de Bar par cession de sa mère 1473. R. titulaire de Naples 1484. † 1508.

21. *Antoine*, D. de Lorraine, n. 1489.
Table CXXXIV.

Claude, n. 1496.
Souche des Ducs de Guise, d'Aumale, d'Elbœuf et de Harcourt.

TABLE CXXXIV.

Les DUCS de LORRAINE, depuis le DUC ANTOINE
jusqu'a FRANÇOIS-ETIENNE.
1508 — 1737.

TABLE CXXXIV.
LES DUCS DE LORRAINE, DEPUIS LE DUC ANTOINE JUSQU'A FRANÇOIS-ÉTIENNE.
1508 – 1737.

21. Antoine, f. aîné du D. René II. (*Tab. CXXXIII*), D. de Lorraine et de Bar 1508. † 1544. E. Renée de Bourbon, héritière de Mercœur 1515. † 1539.

22. François I. né 1517. D. de Lorraine et de Bar 1544. † 1545. — Nicolas, n. 1524. créé D. de Mercœur 1569. tige d'une branche de ce nom, éteinte dans les mâles 1602.

23. Charles II. né 1543. D. de Lorraine et de Bar 1545. † 1608.

24. Henri, né 1563. D. de Lorraine et de Bar 1608. † 1624. — 25. François II. né 1572. C. de Vaudemont, se porte héritier de son frère et prend le titre de D. de Lorraine 1624. résigne en faveur de son fils, † 1632.

25. Nicole, né 1608. Duchesse hérit. de Lorraine et de Bar 1624. répudiée 1635. † 1657. sans enfans. E. *Charles* de Lorraine, f. de François, C. de Vaudemont 1621. — *Claude*, n. 1612. † 1648. E. *Nicolas-François* de Lorraine, son cousin germain, 1634. — 25. Charles III. n. 1604. D. de Lorraine et de Bar 1624. se démet du duché en faveur de son frère 1634. est dépouillé par la France 1670. † 1675. en exil. E. 1. *Nicole*, f. de Henri, D. de Lorraine 1621. répudiée 1637. † 1654. 2. *Beatrix* de Cusance 1637. répudiée 1652. — 25. Nicolas-François, n. 1609. Ev. de Toul et Cardinal 1634. quitte l'habit ecclésiastique et prend le titre de Duc de Lorraine 1634. † 1670. E. *Claude*, f. de Henri, D. de Lorraine et de Bar 1634. † 1648.

Charles Henri, C de Vaudemont, n. 1649. regardé comme adultérin, † 1723. — 26. Charles IV. n. 1643. D. de Lorraine et de Bar 1675. † 1690. en exil. E. *Eléonore-Marie*, f. de l'Emp. Ferdinand III. et veuve de Michel Wiesniowiczy, R. de Pologne 1678. † 1697.

27. Léopold, né 1679. D. de Lorraine et de Bar 1690. rétabli dans son duché par la paix de Ryswick 1698. † 1729. — *Charles-Joseph-Ignace*, n. 1680. Electeur de Trèves 1711. † 1715.

28. François-Etienne, n. 1708. D. de Lorraine et de Bar 1729. échange ces duchés contre le Grand-Duché de Toscane 1737. Emp. 1745. † 1765. E *Marie-Thérèse*, f. de l'Emp. Charles VI. 1736.

(*Voyez Tab. XIX.*)

Charles-Alexandre, n. 1712. Gouverneur général des Pays-Bas et Grand-Maître de l'ordre Teutonique, † 1780. E. *Marie-Anne*, f. de l'emp. Charles VI, 1744. † 1744.

TABLE CXXXV.

LES DUCS DE LA BASSE-LORRAINE, DE LOTHIER OU DE BRABANT.

TABLE CXXXV.
LES DUCS DE LA BASSE-LORRAINE, DE LOTHIER OU DE BRABANT.

1. GODEFROI, dit *le Barbu* et *le Grand*, Comte de Louvain et de Bruxelles, créé D. de la Basse-Lorraine par l'Emp. Henri V 1106. † 1140.

2. GODEFROI II, D. de la Basse-Lorraine ou de Lothier 1140. † 1142.

3. GODEFROI III. au berceau, D. de la Basse-Lorraine ou de Lothier 1142. † 1190.

4. HENRI I. D. de Lothier et de Brabant 1190. † 1235.

5. HENRI II. dit *le Magnanime*, D. de Lothier et de Brabant 1235. † 1248. affranchit les cultivateurs par son testament. E. 1. *Marie*, f. de l'Emp. Philippe de Suabe 1227. † 1239. 2. *Sophie* de Thuringe 1239. † 1275.

6. HENRI III. dit *le Pacifique*, D. de Lothier et de Brabant 1248. † 1261. HENRI, dit L'ENFANT, TIGE de la MAISON DE HESSE.

7. HENRI IV. D. de Lothier et de Brabant 1261. résigne pour se faire moine 1267. 8. JEAN I. dit *le Victorieux*, D. de Lothier et de Brabant 1267. acquiert le D. de Limbourg 1282. † 1294. Table CVIII.

9. JEAN II. dit *le Pacifique*, D. de Lothier, de Brabant et de Limbourg 1294. † 1312.

10. JEAN III. dit *le Triomphant*, D. de Lothier, de Brabant et de Limbourg 1312. † 1355.

11. JEANNE, Duchesse de Lothier, de Brabant et de Limbourg 1355. † 1406. E. *Guillaume*, de Hollande 1334. † 1345. 2. *Wenceslas*, C. et depuis premier D. de Luxembourg 1347. † 1383.   *Marguerite*, † 1368. E. *Louis III.* C. de Flandre 1349. acquiert Malines et Anvers 1357. † 1383.

Marguerite, née 1350. héritière de Flandre, Malines, Anvers, Rethel, Franche-Comté et Artois 1383. déclarée héritière, avec son fils *Antoine*, des Duchés de Brabant et de Limbourg 1404. † 1405. E. 1. *Philippe* de Rouvre, D. de Bourgogne, † 1361. 2. *Philippe*, dit *le Hardi*, D. de Bourgogne 1369. † 1404.

Jean, dit *Sans-peur*, D. de Bourgogne 1404. † 1419.   12. ANTOINE, n. 1384. D. de Brabant et de Limbourg 1406. tué à la bataille d'Azincourt 1415. E. *Jeanne* de Luxembourg 1402. † 1407.   *Philippe*, tué à la bataille d'Azincourt 1415. TIGE des C. DE NEVERS.

13. JEAN IV. n. 1403. D. de Brabant et de Limbourg 1415. † 1427. E. *Jaqueline* de Bavière 1418. sép. 1422.   14. PHILIPPE, n. 1404. D. de Brabant et de Limbourg 1427. † 1430. sans enfans.

TABLE CXXXVI.

LES SEIGNEURS SOUVERAINS DE MILAN

DE LA MAISON VISCONTI, DEPUIS OTTON III JUSQU'A BARNABAS VISCONTI.

TABLE XXXVI.

LES SEIGNEURS SOUVERAINS DE MILAN DE LA MAISON VISCONTI, DEPUIS OTTON III JUSQU'A BARNABAS VISCONTI. 1261—1385.

Eliprand, Vicomte de Milan, † 1055. E. *Béatrix*, f. du Marquis Azon.

Onon I. Vicomte de Milan, † 1011. E. *Lucrèce*, f. du C. Hugues.

Gui, Comte, dit *Vicomte* ou *Visconti* de Milan vers 1142. E. *Alix* de Genève. — *Azon*, dit *Visconti* de Milan vers 1138.

Otton II. Visconti, Consul de Milan 1162. E. *Aldegarde*, f. du Marquis Anselme. — *Roger Visconti*, Consul de Milan.

Ubert Visconti, Consul de Milan 1206. E. *Anastasie de Pirovane*. — *Eliprand*, Evêque de Verceil 1208. † 1213. — *Jean Visconti*.

1. **OTTON III. VISCONTI**, Archevêque de Milan 1261. Prince souverain de Milan 1277. † le 4 avril 1295.	*Andreotto Visconti*, Seigneur de Massino. E. *Florine*, f. de Ruffin Maudelli.	*...zon Visconti*.	*Ubert Visconti*, Evêque de Ventimille 1265.	*Ubert Visconti*.
Thiébaud Visconti, Général de l'archev. Otton, son oncle, tué 1274. E. *Anastasie Pirovane*.	*Gaspard Visconti*. *Pierre Visconti*, tige de Gropello et Bremn...	*... Visconti d'Albizato*, C. d'Arona et de Carbonara.	*Thibaud Visconti*, n. 1210. élu pape sous le nom de Grégoire X. 1271. † 1276.	*... Visconti*, Préteur de Rome.
2. **MATTHIEU I. VISCONTI**, dit *le Grand*, n. 1250. Vicaire impérial et Pr. souverain de Milan 1284. † le 24 juin 1322. E. *Bonacosa*, f. de Squerin Burri 1269. † vers 1321.	*Agnèse Visconti*. E. *Jean II.* C. de Saint-Martin.	*Ubert Visconti*, tige des *Visconti de Rozano, Fajano et S. Alessandro*.	*Béatrix Visconti*. E. *Odoard*, S. de Pirovane.	*Jean Visconti*, Cardinal de Sainte-Sabine 1275. † 1278.
3. **GALÉAS I. VISCONTI**, Pr. souverain de Milan, né 1277. † 1328. E. *Béatrix d'Este*, f. d'Azon, Marggr. de Ferrare 1501. † 1334.	*Marc Visconti*, génér. tué 1321.	*Catherine*. E. *Barthélemi de la Scala*, S. de Vérone.	*Zacharine*. E. *Ottorin... Rusca*, S. de Come 1301.	5. **LUCHIN VISCONTI**, Pr. souver. de Milan 1339. † 1349. E. *Isabelle Fieschi*.	6. **JEAN VISCONTI**, Card. 1328. Arch. de Milan 1334. Pr. souver. de Milan 1349. † 1354.	*Florimonde*. E. *Gui Maudelli*.	*Achille*. E. *Guill. Pusterle*.	*Etienne Visconti*, † 1327. E. *Valentine Doria* 1318.
4. **AZON VISCONTI**, Pr. souv. de Milan, n. 1302. † 1339. sans enfans lég. E. *Catherine de Savoie*, f. de Louis II. de Savoie, Baron de Vaud 1333.	7. **MATTHIEU II VISCONTI**, Pr. souver. de Milan 1354. † 1356 sans enfans mâles. E. *Liliole Gonzague*, f. de Philippe, Marggrave de Mantoue.	8. **GALÉAS II. VISCONTI**, Pr. souv. de Milan avec son frère Barnabas 1356. † 1378. E. *Blanche de Savoie*, f. d'Aymon, C. de Savoie 1350. † 1387. *Table CXXXVII.*		9. **BARNABAS VISCONTI**, Pr. souver. de Milan avec son frère Galéas II. 1356. † empoisonné 1385. E. *Béatrix de la Scala*, f. de Mastin, S. de Vérone, mère de quinze enfans.
Marc Visconti, † 1382.	*Louis*, n. 1358. S. de Lodi, † 1581. E. *Jolanthe*, f. de Galéas II.	*Rodolphe*, S. de Bergame, † 1386.		*Charles*, S. de Parme. E. 1. *Marguerite*, f. de Pierre, R. de Chypre. 2. *Béatrix*, f. de Jean II. C. d'Armagnac.
Viride, E. *Léopold III*. D. d'Autriche 1365.	*Thadée*, † 1381. E. *Etienne*, D. de Bavière 1364.	*Agnès*, † 1397. E. *Franç. Gonzague*, Marq. de Mantoue.		
Anglesie fiancée à *Frédéric*, Bourggrave de Nüremberg.	*Valentine*, † 1393. E. *Pierre II.* R. de Chypre 1378.	*Antoinette*, † 1405. E. *Eberhard III.* C. de Wurtemberg.		*Mastin Visconti*, S. du Bresse. E. *Antoinette de la Scala*.
Madelaine, † 1404. E. *Frédéric*, D. de Bavière 1382.	*Elisabeth*, E. *Ernest*, D. de Bavière 1393.	*Lucie Visconti*, † 1424. E. *Edmond Holland*, C. de Kent 1452.		*Catherine*, † 1404. E. *Jean Galéas*, D. de Milan 1380.

TABLE CXXXVII.

LES SEIGNEURS DUCS DE MILAN

DES MAISONS DE VISCONTI ET DE SFORZE, DEPUIS JEAN GALÉAS, PREMIER DUC DE MILAN, JUSQU'A LEUR EXTINCTION.

TABLE CXXXVII.

LES SEIGNEURS DUCS DE MILAN DES MAISONS DE VISCONTI ET DE SFORZE, DEPUIS JEAN GALÉAS,

PREMIER DUC DE MILAN, JUSQU'A LEUR EXTINCTION. 1385—1535.

Galéas II Visconti, f. puiné d'Étienne Visconti. † 1378. (*v. Tab. CXXXVI.*)

10. JEAN GALÉAS VISCONTI, n. 1347. Pr. souv. de Milan 1378 et 1385. créé Duc de Milan, par l'Empereur Wenceslas 1395. † 1402. E. 1. *Isabelle*, f. de Jean II. R. de France 1365. † 1372. 2. *Catherine*, f. de Barnabas Visconti 1380. † le 15 oct. 1404. — Blanche *Visconti*, † 1382. E. 1. *Lionel*, D. de Clarence. 1368. † cette même année. 2. *Otton*, Marggrave de Montferrat. 3. *Louis Visconti*, S. de Lodi. — *Marie Visconti*, † 1362. jeune, fiancée à Amé de Savoie.

1.			2.			
Marc Visconti, † 1374.	*Valentine de Milan*, n. 1368. † 1408. E. *Louis*, D. d'Orléans 1389. † 1407.	*Isabelle de Milan*, E. *Gentil Varani*, S. de Camerino.	11. JEAN-MARIE-ANGLUS, n. 1388. D. de Milan 1402. assassiné 1412. sans enfans. E. *Antoinette Malatesta*, f. de Sigismond, Seigneur de Rimini 1408.	12. PHILIPPE-MARIE-ANGLUS, né 1392. D. de Milan 1412. † 1447. E. 1. *Béatrix de Tende* 1412. décap. 1418. 2. *Marie*, f. d'Amédée VII. D. de Savoie 1427. 3. *Agnès de Maino*.	*Gabriel-Marie-Anglus*, S. de Pise et de Crème, tué 1408.

Charles, D. d'Orléans, n. 1391. prét. au duché de Milan 1447. † 1465. — *Blanche-Marie*, f. nat., n. 1425. mar. 1441. † 1468. 13. E. SFORZE, D. de Milan 1450. † le 8 mars 1466. — FRANÇOIS I.

Louis XII. R. de France, n. 1462. s'empare du D. de Milan 1500. † 1515. | 14. GALÉAS-MARIE SFORZE, né 1444. D. de Milan 1466. assassiné 1476. E. 1. *Dorothée Gonzague*, f. de Louis, Marggrave de Mantoue 1466. † 1468. 2. *Bonne de Savoie*, f. de Louis, D. de Savoie 1468. † 1485. | *Hippolyte Sforze*, n. 1445. † 1488. E. *Alfonse II.* R. de Naples 1465. | *Elisabeth Sforze*, n. 1453. E. *Guillaume*, Marggr. de Montferrat 1469. | 17. LOUIS-MARIE SFORZE, dit le *More*, né 1451. déclaré D. de Milan par l'Empereur 1494. dépouillé par Louis XII. et conduit prisonnier en France 1500. † 1508. E. *Béatrix d'Este*, f. d'Hercule I. D. de Ferrare 1491. † 1497. | *Ascagne-Marie Sforze*, n. 1455. E. 7. de Pavie et de Crémone, et Cardinal 1486. † 1505. |

15. JEAN-GALÉAS-SFORZE, né 1469. D. de Milan 1476. † 1494. E. *Isabelle*, f. d'Alfonse II. R. de Naples 1489. † 1524. | *Hermès Sforze*, n. 1471. † en France. | *Blanche-Marie*, née 1472. † 1511. E. *Maximilien I.* Emp. 1494. | *Anne*, n. 1473. E. *Alfonse d'Este*, D. de Ferrare. | 18. MAXIMILIEN SFORZE, n. 1491. D. de Milan, rétabli par les Suisses 1512. dépouillé de nouveau par les François 1515. † à Paris 1530. | 19. FRANÇOIS II. SFORZE, n. 1493. rétabli dans le duché de Milan 1521 et 1529 † 1535. sans enfans. E. *Christine*, f. de Christian II. Roi de Danemarck 1534. † 1590. |

16. FRANÇOIS SFORZE, né 1490. dépouillé par son grand-oncle Louis, dit le More, conduit en France, Abbé de Noirmoutier 1505. † 1512. — *Bonne Sforze*, n. 1491. † 1558 E. *Sigismond I.* R. de Pologne 1518.

ТABLE CXXXVIII.

LES DUCS DE MODÈNE ET DE FERRARE

DE LA MAISON D'ESTE.

TABLE CXXXVIII.
LES DUCS DE MODÈNE ET DE FERRARE DE LA MAISON D'ESTE.

Nicolas, Marggrave d'Este et de Ferrare, Seigneur de Modène, de Reggio, etc., † 1441.

1. Borso d'Este, créé D. de Modène par l'Empereur Frédéric III. 1452. et D. de Ferrare par le pape Paul II. 1470. † 1471.
2. Hercule I. D. de Modène et de Ferrare 1471. † 1505. E. *Eléonore*, f. de Ferdinand, R. de Naples 1473.
3. Alphonse I. D. de Modène et de Ferrare 1505. † 1534. E. 1. *Anne Sforce*, de Milan. 2. *Lucrèce Borgia*, f. du pape Alexandre VI. 1501. † 1520. 3. *Laure*, f. d'un bourgeois de Ferrare. — *Hippolyte d'Este*, Cardinal 1493. † 1520.

4. Hercule II. D. de Modène et de Ferrare 1534. † 1558. E. *Rénée*, f. du Roi Louis XII. 1528.
   — *Hippolyte*, Cardinal 1538. † 1572.
   — *Alphonse d'Este*, Marggrave de Montechio.

5. Alphonse II. D. de Modène et de Ferrare 1558. † 1597. sans enfans. — *Anne*, née 1531. E. 1. *François* de Lorraine, D. de Guise 1548. 2. *Jacques de Savoie*, D. de Nemours 1566.
6. César d'Este, D. de Modène à la mort du D. Alphonse II. son cousin 1597. est dépouillé du D. de Ferrare par le pape qui réunit ce duché au domaine de l'église, † 1628. E. *Virginie*, f. de Cosme I. Gr.-D. de Toscane 1586.

7. Alphonse III. D. de Modène 1628. résigne et se fait moine 1629. † 1644. E. *Isabelle de Savoie*.

8. François I. D. de Modène 1629. † 1658. E. 1. *Marie Farnèse*, f. de Rainuce, D. de Parme, † 1646. 2. *Victoire de Farnèse*, sœur de Marie 1648. † 1649. 3. *Lucrèce Barberine*, f. du Pr. de Palestrine 1654.

9. Alphonse IV. D. de Modène 1658. † 1662. E. *Laure Martinozzi*.
11. Rénaud, Cardinal 1686. D. de Modène à la mort du D. François II. 1694. † 1737. E. *Charlotte-Félicité*, f. de Jean-Frédéric, D. de Hanovre 1696.

10. François II. D. de Modène 1662. † 1694. sans enfans. — *Marie-Béatrix-Eléonore*, n. 1658. E. *Jacques*, Duc d'York 1673.
12. François III. Marie, D. de Modène 1737. † 1780. E. *Charlotte*, f. de Philippe II. Duc d'Orléans 1720.
— *Henriette d'Este*, n. 1702. E. 1. *Antoine-François*, D. de Parme 1728. 2. *Léopold*, Pr. de Darmstadt 1740.

13. Hercule III. Rénaud, né 1727. D. de Modène 1780. perd son duché par la paix de Lunéville 1801. † 1803. E. *Marie-Thérèse-Cibo-Malaspina*, héritière de Massa et de Carrara 1741. † 1790.
— *Marie-Thérèse-Félicité*, † 1754. E. *Joseph-Maximilien*, Duc de Penthièvre 1744. † 1791.
— *Fortunée-Marie*, † 1803. E. *Louis-François-Joseph*, Pr. de Conti 1750. sép. 1775.

Marie-Béatrix, héritière de Modène, de Massa et de Carrara, née 1760. E. *Ferdinand*, Archiduc d'Autriche 1771. D. de Modène-Brisgau, par cession de son beau-père 1803. † 1806.

| *Thérèse*, née 1773. E. *Victor-Eman. I.* R. de Sardaigne 1789. | *Léopoldine*, n. 1776. E. *Charles-Théodore*, R. de Bavière 1795. † 1799. | *François*, Archiduc d'Autriche, n. 1779. | *Maximilien*, Archiduc d'Autriche, n. 1782. | *Louise*, n. 1787. E. *François I.* Emp. d'Autriche 1808. |

TABLE CXXXIX.

LES DUCS DE MANTOUE ET DE MONTFERRAT.

TABLE CXXXIX.
LES DUCS DE MANTOUE ET DE MONTFERRAT.

François Gonzague, Marggrave de Mantoue 1484. † 1519.

1. Frédéric, Marggrave de Mantoue 1519. créé D. de Mantoue par l'Emp. Charles-Quint 1530. † 1540. — *Ferdinand Gonzague*, TIGU
E. *Marguerite*, fille et héritière de Guillaume IX. Marggrave de Montferrat 1531. — des D. de Guastalla. éteints en 1746.

2. François I. D. de Mantoue et Marggrave de Montferrat 1540. † 1550. E. *Catherine*, f. de l'Emp. Ferdinand I. 1549. — 3. Guillaume, D. de Mantoue et Marggrave de Montferrat 1550. créé D. de Montferrat 1573. † 1587. E. *Éléonore*, f. de l'Emp. Ferdinand I. 1561. — *Louis Gonzague*, né 1538. D. de Nevers du chef de sa femme 1565. † 1595. E. *Henriette*, f. de François I. D. de Nevers 1565. héritière de Nevers et de Réthel.

4. Vincent I. né 1562. D. de Mantoue et de Montferrat 1587. † 1612. E. *Éléonore*, f. de François, Gr. D. de Toscane 1584. — *Anne-Catherine*, † 1620. E. Ferdinand, Archiduc d'Autriche de la branche de Tirol 1582. — 8. Charles I. D. de Nevers et de Réthel, succède à son cousin Vincent II. dans les duchés de Mantoue et de Montferrat 1627. est maintenu par la France contre l'Espagne, † 1637.

5. François II. né 1586. D. de Mantoue et de Montf. 1612. † 1612. E. *Marguerite*, f. de Charles-Emanuel, D. de Savoie 1608. — 6. Ferdinand, né 1587. D. de Mantoue et de Montf. 1612. † 1626. sans enfans. — 7. Vincent II. né 1594. D. de Mantoue et de Montferr. 1626. † 1627. sans enfans. — *Éléonore*, † 1655. E. l'Emp. Ferdinand II. 1622. — 8. Charles II. n. 1609. D. de Mantoue et de Montferr. 1627. † 1631. E. *Marie*, f. et héritière de François II. D. de Mantoue 1627. — *Marie Gonzague*, † 1667. E. 1. *Wladislaw*, R. de Pologne 1646. † 1648. 2. *Jean Casimir*, R. de Pologne 1649.

Marie, n. 1609. † 1660. E. *Charles*, Pr. de Nevers 1627. — 9. Charles III. n. 1629. D. de Mantoue et de Montf. 1637. † 1665. E. *Isabelle-Claire*, Archiduchesse d'Autriche. — *Éléonore*, née 1630. † 1686. E. *Ferdinand III.* Empereur 1651.

10. Charles IV. n. 1652. D. de Mantoue et de Montf. 1665. est dépouillé de ses duchés et mis au ban de l'Empire par l'Emp. Léopold I. 1703. † en exil 1708. sans enfans. E. 1. *Anne-Isabelle Gonzague*, f. de Ferdinand III. D. de Guastalla, 1670. † 1703. 2. *Susanne-Henriette*, f. de Charles III. D. d'Elbeuf, 1704. † 1710.

TABLES CXL ET CXLI.

LES DUCS DE FLORENCE
ET GRANDS-DUCS DE TOSCANE
DE LA MAISON DE MÉDICIS.

LES GRANDS-DUCS DE TOSCANE
DE LA MAISON DE LORRAINE.

TABLE CXL.

LES DUCS DE FLORENCE ET GRANDS-DUCS DE TOSCANE DE LA MAISON DE MÉDICIS.

Jean de Médicis, † 1428.

Cosme de Médicis, exilé 1433. rétabli 1434. † 1465. — Laurent de Médicis, † 1440.

Pierre de Médicis, † 1472. — Pierre-François de Médicis, tué 1474.

Laurent de Médicis, dit le Magnifique, † 1492. — Julien de Médicis, tué 1478. — Laurent de Médicis. — Julien de Médicis, † 1504. E. Catherine Sforce de Milan.

Pierre de Médicis, n. 1471. exilé de Florence, † 1504. — Jean de Médicis, n. 1475. Pape sous le nom de Léon X. 1512. † 1521. — Julien de Médicis, D. de Nemours par son épouse, † 1516. — Jule, f. nat., n. 1478. Pape sous le nom de Clément VII. 1523. † 1534. — Laurent-Franç. Gonf. de Florence 1526. — Eberhard, Gonfal. — Jean de Médicis, † 1526.

Laurent de Médicis, D. d'Urbin, rétabli à Florence 1513. † 1528. E. Marguerite de Boulogne. — Laurent de Médicis, assass. du D. Alexandre 1537. — 2. COSME I. de Médicis, n. 1519. D. de Florence 1537. Gr.-D. de Toscane 1569. † 1574.

Catherine de Médicis, n. 1519. † 1589. E. Henri II. Roi de France 1533. — 1. ALEXANDRE DE MÉDICIS, f. nat. ou de Laurent ou du Pape Clément VII. n. 1510. créé premier D. de Florence, par l'Emp. Charles-Quint 1531. assassiné par son cousin Laurent 1537. E. Marguerite, f. nat. de l'Emp. Charles-Quint 1536. — 5. FRANÇOIS, n. 1541. Gr.-D. de Toscane 1574. † 1587. E. 1. Jeanne, f. de l'Emp. Ferdinand I. 1565. † 1578. 2. Bianca Capella. — 4. FERDINAND I. n. 1549. Gr.-Duc de Toscane 1587. † 1608. E. Christine, f. de Charles II. Duc de Lorraine 1589.

5. COSME II. n. 1590. Grand-Duc de Toscane 1608. † 1621. E. Marie-Madeleine, f. de l'Archiduc Charles d'Autriche 1608.

6. FERDINAND II. n. 1610. Grand-Duc de Toscane 1621. † 1670. — Jean-Charles, n. 1611. Cardinal, † 1665.

7. COSME III. n. 1642. Grand-Duc de Toscane 1670. † 1723. — François-Marie, n. 1660. Cardinal, résigne 1709. † 1711. E. Louise Gonzague, f. de Vincent, D. de Guastalla.

8. JEAN GASTON, n. 1671. dernier Gr.-Duc de sa maison 1723. † 1737 sans enfans.

TABLE CXLI.

LES GRANDS-DUCS DE TOSCANE DE LA MAISON DE LORRAINE.

FRANÇOIS-ETIENNE, D. de Lorraine 1729. obtient le Grand-Duché de Toscane en échange de son duché 1737. est élu Emp. 1745. † 1765. E. Marie-Thérèse d'Autriche 1736.

LÉOPOLD, f. puiné de l'Emp. François et de Marie-Thérèse d'Autriche, devient Gr.-D. de Toscane à la mort de son père 1765. est élu Emp. 1790. † 1792.

FERDINAND, f. puiné de l'Emp. Léopold, obtient de son père le Grand-Duché de Toscane 1790. le cède en faveur de la maison de Parme en vertu de la paix de Lunéville 1801. et obtient en indemnité l'archevêché de Salzbourg, à titre d'Electeur, et depuis le Grand-Duché de Würzbourg en vertu de la paix de Presbourg 1805.

LES DUCS DE PARME
DE LA MAISON DE FARNÈSE.

LES DUCS DE PARME
DE LA MAISON DE BOURBON.

TABLE CXLII.

LES DUCS DE PARME DE LA MAISON DE FARNÈSE.

Pierre-Louis Farnèse, f. nat. du pape Paul III. D. de Parme et de Plaisance 1545. assassiné 1547.

Octave Farnèse, n. 1524. D. de Parme 1547. † 1586. E. *Marguerite*, f. nat. de l'Emp. Charles-Quint, et veuve d'Alexandre de Médicis.

Alexandre Farnèse, D. de Parme 1586. grand homme de guerre, Gouverneur des Pays-Bas Espagnols 1578. † 1592.

Rainuce I. Farnèse, D. de Parme 1592. † 1622.

Odoard I. Farnèse, D. de Parme 1622. † 1646.

Rainuce II. Farnèse, D. de Parme 1646. † 1694.   *Alexandre Farnèse*, Gouverneur des Pays-Bas Espagnols 1680. † 1689.

Odoard II. Farnèse, n. 1666. † 1693. E. *Dorothée-Sophie*, f. de Philippe-Guillaume, Electeur palatin 1690.	François Farnèse, n. 1678. D. de Parme 1694. † 1727. E. *Dorothée-Sophie*, veuve de son frère 1695.	Antoine-François Farnèse, n. 1679. D. de Parme 1727. † 1731 sans enfans. E. *Henriette-Marie* de Modène 1728.

Elisabeth, n. 1692. E. *Philippe V*, R. d'Espagne 1714.

TABLE CXLIII.

LES DUCS DE PARME DE LA MAISON DE BOURBON.

Philippe V, R. d'Espagne.

Charles (Don Carlos), n. 1716. D. de Parme et de Plaisance à la mort d'Antoine Farnèse 1731. cède ces duchés à l'Emp. par la paix de Vienne 1738. contre les royaumes des deux Siciles.	Philippe (Don Philippe), n. 1720. D. de Parme, de Plaisance et de Guastalla en vertu de la paix d'Aix-la-Chapelle 1748. † 1765. E. *Louise-Elisabeth*, f. de Louis XV.

Ferdinand, n. 1751. D. de Parme, de Plaisance et de Guastalla 1765. † 1802. E. *Marie-Amélie*, f. de l'Emp. François I. 1769.	*Isabelle-Louise*, n. 1742. † 1763. E. Joseph II. Emp.	*Louise-Marie-Thérèse*, n. 1751. E. Charles IV. R. d'Espagne 1765.

Louis, n. 1773. cède Parme et Plaisance à la France par la convention de Madrid de 1801. et reçoit, en vertu de la paix de Lunéville, le Grand-Duché de Toscane, à titre de *Roi d'Etrurie*, † 1803. E. *Marie-Louise*, f. de Charles IV. R. d'Espagne 1795.	*Caroline-Marie-Thérèse-Joséphine*, n. 1770. † 1804. E. Maximilien, Pr. de Saxe 1792.

Charles-Louis, n. 1799. R. d'Etrurie sous la tutelle de sa mère 1803. résigne 1807.   *Marie-Louise-Charlotte*, n. 1802.

TABLE CXLIV.

SUITE CHRONOLOGIQUE DES PAPES
DEPUIS GRÉGOIRE VII JUSQU'A LA FIN DU GRAND SCHISME D'OCCIDENT.

TABLE CXLIV.
SUITE CHRONOLOGIQUE DES PAPES DEPUIS GRÉGOIRE VII JUSQU'A LA FIN DU GRAND SCHISME D'OCCIDENT.

Grégoire VII. élu le 22 avril 1703. confirmé par l'Emp. Henri IV. † le 25 mai 1085.
Victor III. élu le 24 mai 1086. † le 16 sept. 1087.
Urbain II. élu le 12 mars 1088. † le 29 juill. 1099.
Pascal II. élu le 13 août 1099. † le 21 janv. 1118.
Gélase II. élu le 25 janv. 1118. † le 25 janv. 1119.
Calixte II. élu le 1 févr. 1119. † le 12 déc. 1124.
Honorius II. élu le 21 déc. 1124. † le 24 févr. 1130.
Innocent II. élu le 15 févr. 1130. † le 24 sept. 1143.
Célestin II. élu le 26 sept. 1143. † le 9 mars 1144.
Lucius II. élu le 12 mars 1144. † le 25 févr. 1145.
Eugène III. élu le 27 févr. 1145. † le 8 juill. 1153.
Anastase IV. élu le 9 juill. 1153. † le 2 déc. 1154.
Adrien IV. élu le 3 sept. 1154. † le 1 sept. 1159.
Alexandre III. élu le 7 sept. 1159. † le 30 août 1181.
Lucius III. élu le 1 sept. 1181. † le 24 nov. 1185.
Urbain III. élu le 25 nov. 1185. † le 19 oct. 1187.
Grégoire VIII. élu le 20 oct. 1187. † le 17 déc. 1187.
Clément III. élu le 19 déc. 1187. † le 27 mars 1191.
Célestin III. élu le 30 mars 1191. † le 8 janv. 1198.
Innocent III. élu le 8 janv. 1198. † le 17 juill. 1216.
Honorius III. élu le 18 juill. 1216. † le 18 mars 1227.
Grégoire IX. élu le 19 mars 1227. † le 21 août 1241.
Célestin IV. élu sur la fin d'oct. 1241. † vers le 18 nov. 1241.
Innocent IV. élu le 25 juin 1243. † le 7 décembre 1254.
Alexandre IV. élu le 12 déc. 1254. † le 25 mai 1261.
Urbain IV. élu le 29 août 1261. † le 2 oct. 1264.
Clément IV. élu le 6 févr. 1265. † le 29 nov. 1268.
Grégoire X. élu le 1 sept. 1271. † le 10 janv. 1276.
Innocent V. élu le 21 févr. 1276. † le 22 juin 1276.
Adrien V. élu et † 1276.
Jean XXI. élu le 13 sept. 1276. † le 17 mai 1277.
Nicolas III. élu le 25 nov. 1277. † le 22 août 1280.
Martin IV. élu le 22 févr. 1281. † le 28 mars 1285.

Honorius IV. élu le 2 avril 1285. † le 3 avril 1287.
Nicolas IV. élu le 15 févr. 1288. † le 4 avril 1292.
Célestin V. élu le 5 juill. 1294. abdique le 13 déc. 1294.
Boniface VIII. élu le 24 déc. 1294. † le 11 oct. 1303.
Benoît XI. élu le 22 oct. 1303. † le 7 juill. 1304.
Clément V. élu le 5 juin 1305. se fixe à Avignon 1309. † le 20 avril 1314.
Jean XXII. élu le 7 août 1316. † le 4 déc. 1334.
Benoît XII. élu le 20 déc. 1334. † le 25 avril 1342.
Clément VI. élu le 7 mai 1342. † le 6 déc. 1352.
Innocent VI. élu le 18 déc. 1352. † le 2 sept. 1362.
Urbain V. élu au mois de sept. 1362. † le 19 déc. 1370.
Grégoire XI. élu le 30 déc. 1370. † le 27 mars 1378.

Papes du grand schisme d'Occident.

Papes Romains.	Papes Avignonois.	Papes Pisans.
Urbain VI. élu à Rome le 9 avril 1378. † le 18 oct. 1389.	*Clément VII*. élu le 21 sept. 1378. † le 16 sept. 1394.	
Boniface IX. élu le 2 nov. 1389. † le 1 oct. 1404.	*Benoît XIII*. élu le 28 sept. 1394. déposé par les conciles de Pise et de Constance en 1409 et 1417. † 1424.	
Innocent VII. élu le 17 oct. 1404. † le 6 nov. 1406.		*Alexandre V*. élu au concile de Pise le 26 juin 1409. † le 3 mai 1410.
Grégoire XII. élu le 30 nov. 1406. déposé par le concile de Pise le 5 juin 1409. résigne la papauté au concile de Constance 1415.		*Jean XXIII*. élu le 17 mai 1410. déposé au concile de Constance le 29 mai 1415.

//TABLE CXLV.

SUITE CHRONOLOGIQUE DES PAPES,

DEPUIS LA FIN DU GRAND SCHISME D'OCCIDENT JUSQU'A NOS JOURS.

TABLE CXLV.
SUITE CHRONOLOGIQUE DES PAPES DEPUIS LA FIN DU GRAND SCHISME D'OCCIDENT JUSQU'A NOS JOURS.

Martin V. élu au concile de Constance le 11 nov. 1417. † le 21 févr. 1431.
Eugène IV. élu le 6 mars 1431. † le 23 févr. 1447.
Nicolas V. élu le 6 mars 1447. † le 24 mars 1455.
Calixte III. élu le 8 avril 1455. † le 8 août 1458.
Pie II. (Aeneas-Sylvius) élu le 27 août 1458. † le 16 août 1464.
Paul II élu le 31 août 1464. † le 28 juill. 1471.
Sixte IV. élu le 9 août 1471. † le 13 août 1484.
Innocent VIII. élu le 29 août 1484. † le 25 juill. 1492.
Alexandre VI. élu le 11 août 1492. † le 18 août 1503.
Pie III. élu le 22 sept. 1503. † le 18 oct. 1503.
Jules II. élu le 1 nov. 1503. † le 21 févr. 1513.
Léon X. élu le 11 mars 1513. † le 1 déc. 1521.
Adrien VI. élu le 9 janv. 1522. † le 24 sept. 1523.
Clément VII. élu le 19 nov. 1523. † le 26 sept. 1534.
Paul III. élu le 13 oct. 1534. † le 10 nov. 1549.
Jules III. élu le 8 févr. 1550. † le 23 mars 1555.
Marcel II. élu le 9 avril. † le 30 avril 1555.
Paul IV. élu le 23 mai 1555. † le 18 août 1559.
Pie IV. élu le 26 déc. 1559. † le 9 déc. 1565.
Pie V. élu le 7 janv. 1566. † le 1 mai 1572.
Grégoire XIII. élu le 13 mai 1572. † le 10 avril 1585.
Sixte V. élu le 24 avril 1585. † le 27 août 1590.
Urbain VII. élu le 15 sept. 1590. † le 27 sept. 1590.

Grégoire XIV. élu le 5 déc. 1590. † le 15 oct. 1591.
Innocent IX. élu le 29 oct. † le 30 déc. 1591.
Clément VIII. élu le 30 janv. 1592. † le 5 mars 1605.
Léon XI. élu le 1 avril, † le 27 avril 1605.
Paul V. élu le 16 mai 1605. † le 28 janv. 1621.
Grégoire XV. élu le 9 févr. 1621. † le 8 juill. 1623.
Urbain VIII. élu le 6 août 1623. † le 29 juill. 1644.
Innocent X. élu le 15 sept. 1644. † le 7 janv. 1655.
Alexandre VII, élu le 7 avril 1655. † le 22 mai 1667.
Clément IX. élu le 20 juin 1667. † le 9 déc. 1669.
Clément X. élu le 29 avril 1670. † le 22 juill. 1676.
Innocent XI. élu le 21 sept. 1676. † le 12 août 1689.
Alexandre VIII. élu le 6 oct. 1689. † le 1 fév. 1691.
Innocent XII. élu le 12 juill. 1691. † le 27 sept. 1700.
Clément XI. élu le 23 nov. 1700. † le 9 mars 1721.
Innocent XIII. élu le 8 mai 1721. † le 7 mars 1724.
Benoît XIII. élu le 29 mai 1724. † le 21 févr. 1730.
Clément XII. élu le 12 juill. 1730. † le 6 févr. 1740.
Benoît XIV. élu le 17 août 1740. † le 3 mai 1758.
Clément XIII. élu le 6 juill. 1758. † le 3 févr. 1769.
Clément XIV. élu le 19 mai 1769. † le 22 sept. 1774.
Pie VI. élu le 15 févr. 1775. † le 19 août 1799.
Pie VII. élu le 3 mars 1800.

SUITE CHRONOLOGIQUE des EMPEREURS d'ORIENT,
depuis Arcadius, fils de Théodose-le-Grand jusqu'à
l'avénement de la maison des Comnènes.

TABLE CXLVI.
SUITE CHRONOLOGIQUE DES EMPEREURS D'ORIENT,
DEPUIS ARCADIUS, FILS DE THÉODOSE-LE-GRAND, JUSQU'A L'AVÉNEMENT DE LA MAISON DES COMNÈNES.

1. *Arcadius*, f. aîné de Théodose-le-Grand, Emp. d'Orient 395. † 408.
2. *Théodose II.* dit *le Jeune*, fils d'Arcadius, Emp. 408. † 450.
3. *Marcien*, Emp. 450. † 457. E. *Pulchérie*, f. d'Arcadius.
4. *Léon I.* Emp. 457. † 474.
5. *Léon II.* dit *le Jeune*, Emp. 474. † 474.
6. *Zénon*, père de Léon II. Emp. 474. † 491.
7. *Anastase I. Dicore*, Emp. 491. † 518.
8. *Justin I.* dit *le Vieux*, Emp. 518. † 527.
9. *Justinien I.* neveu de Justin, Emp. 527. † 565.
10. *Justin II.* dit *le Jeune*, Emp. 565. † 578.
11. *Tibère II.* surnommé *Constantin*, Emp. 578. † 582.
12. *Maurice*, Emp. 582. tué 602.
13. *Phocas*, Emp. 602. † tué 610.
14. *Héraclius*, Emp. 610. † 641.
15. *Héraclius Constantin*, f. d'Héraclius, Emp. 641. † 641.
16. *Héracléonas*, frère du précédent, Emp. 641. exilé 641.
17. *Constant II.* f. d'Héraclius Constantin, Emp. 641. † 668.
18. *Constantin III.* dit *Pogonat*, f. de Constantin, Emp. 668. † 685.
19. *Justinien II.* f. de Constantin-Pogonat, Emp. 685. dépouillé 695. rétabli 705. tué 711.
20. *Léonce*, Emp. 695. détrôné 698.
21. *Absimare Tibère*, Emp. 698. détrôné 705.
22. *Philépique*, surnommé *Bardane*, Emp. 711. tué 713.
23. *Anastase II.* ou *Artémius*, Emp. 713. détrôné 716. tué 719.
24. *Théodose III.* Emp. 716. abdique 717.
25. *Léon III.* dit *l'Isaurien*, Emp. 717. † 741.
26. *Constantin IV.* dit *Copronyme*, f. de Léon, Emp. 741. † 775.
27. *Léon IV.* surnommé *Chazare*, Emp. 775. † 780.
28. *Constantin V.* f. de Léon, Emp. avec sa mère *Irène* 780. tué par sa mère 797.
29. *Irène*, seule 797. déposée 802. † 803.
30. *Nicéphore*, Emp. 802. † 811.
31. *Staurace*, fils de Nicéphore, Emp. 811. abdique 811. † 812.
32. *Michel I. Curopalate*, Emp. 811. détrôné 813.
33. *Léon V.* dit *l'Arménien*, Emp. 813. tué 820.
34. *Michel II.* dit *le Bègue*, Emp. 820. † 829.
35. *Théophile*, f. de Michel II. Emp. 829. † 842.
36. *Michel III.* dit *l'Ivrogne*, f. de Théophile, Emp. 842. tué 867.
37. *Basile*, dit *le Macédonien*, Emp. 867. † 886.
38. *Léon VI.* dit *le Philosophe*, f. de Basile, Emp. 886. † 911.
39. *Alexandre*, frère de Léon VI. Emp. 911. avec Constantin VI, son neveu, † 912.
40. *Constantin VI.* dit *Porphyrogennette*, f. de Léon VI. Emp. 911. dépouillé par son beau-père Romain I. vers 919. rétabli 945. † 959.
41. 42. 43. 44. *Romain I.* dit *Lécapène*, et ses trois fils *Christophe*, *Etienne* et *Constantin VII.* Emp. 919. 920. 928. dépouillés 944. 945.
45. *Romain II.* dit *le Jeune*, f. de Constantin VI. Emp. 959. † 963.
46. *Nicéphore Phocas*, Emp. 963. assassiné 969.
47. *Jean Zimiscès*, Emp. 969. † 976.
48. 49. *Basile II.* et *Constantin VIII.* f. de Romain II. Empp. 976. † 1025. 1028.
50. *Romain III.* dit *Argyre*, Emp. 1028. † 1034.
51. *Michel IV.* dit *le Paphlagonien*, Emp. 1034. † 1041.
52. *Michel V.* dit *Calaphate*, Emp. 1041. déposé 1042.
53. 54. *Zoë*, Imp. et *Constantin IX.* dit *Monomaque*, Emp. 1042. † 1054.
55. *Théodora*, sœur de Zoë, Imp. 1054. † 1056.
56. *Michel VI.* dit *Stratiotique*, Emp. 1056. abdique 1057.
57. *Isaac Comnène*, Emp. 1057. abdique 1059.
58. *Constantin X. Ducas*, Emp. 1059. † 1067.
59. 60. *Eudocie*, Imp. *Michel*, dit *Parapinace*, *Andronic* et *Constantin*, ses fils, Empp. avec *Romain IV. Diogène*, époux d'Eudocie, associé à l'empire 1068. et tué en 1071.
61. *Michel VII.* surnommé *Parapinace*, f. de Constantin Ducas et d'Eudocie, seul Emp. 1071. abdique 1078.
62. *Nicéphore Botoniate*, Emp. 1078. détrôné 1081.

TABLES CXLVII, CXLVIII ET CXLIX.

EMPEREURS GRECS DE LA MAISON DES COMNÈNES.

EMPEREURS GRECS DE LA MAISON DES ANGES.

EMPEREURS LATINS DE CONSTANTINOPLE.

TABLE CXLVII.
EMPEREURS GRECS DE LA MAISON DES COMNÈNES.

Manuel Comnène, gouverneur de Nicée.

57. ISAAC I. COMNÈNE, proclamé Emp. 1057. résigne en 1059. en faveur de Constantin Ducas, † 1061. — *Jean Comnène*, Curopalate, † 1067.

63. ALEXIS I. COMNÈNE, proclamé Emp. contre Nicéphore Botoniate 1081. † 1118.

64. JEAN COMNÈNE, dit CALO-JEAN, Emp. 1118. † 1143. — *Anne Comnène*, connue par ses écrits. — *Isaac Comnène*, Sébastocrator.

65. MANUEL COMNÈNE, Emp. 1143. † 1180. — 67. ANDRONIC I. COMNÈNE, dit LE VIEUX, Emp. 1183. tué 1185.

66. ALEXIS II. COMNÈNE, Emp. 1180. dépouillé et tué par Andronic 1183. — *Manuel Comnène*, aveuglé 1186.

Alexis I. Comnène, TIGE des Empp. de TRÉBISONDE, éteints en 1461. — *David Comnène*.

TABLE CXLVIII.
EMPEREURS GRECS DE LA MAISON DES ANGES.

Ange.

Constantin l'Ange, Gouverneur de Sirmium vers 1175. — E. *Théodore Comnène*, f. de l'Emp. Alexis I. Comnène.

Andronic l'Ange, exilé 1183. — *Jean l'Ange*, Sébastocrator 1185.

68. ISAAC II. L'ANGE, Emp. 1185. détroné 1195. rétabli 1203. † 1204. — 69. ALEXIS III. L'ANGE, dit COMNÈNE, Emp. en 1195 par la déposition de son frère, détroné 1203. enfermé 1205. — *Isaac l'Ange.* — *Michel l'Ange Comnène*, TIGE des despotes d'ÉPIRE.

70. ALEXIS IV. L'ANGE, Emp. avec son père 1203. tué 1204. — *Anne Comnène*, E. *Théodore Lascaris I.* — 71. ALEXIS V. DUCAS, dit MURZUPHLE, Emp. 1204. tué 1204.

Table CL.

TABLE CXLIX.
EMPEREURS LATINS DE CONSTANTINOPLE.

Baudouin, C. de Flandre, † 1195.

1. BAUDOUIN I. élu et cour. Emp. à Constantinople 1204. † 1206. — 2. HENRI, Emp. 1206. † 1216. — *Yolande*, † 1219. E. 3. PIERRE DE COURTENAY, élu Emp. 1216. † vers 1219.

* *

5. JEAN DE BRIENNE, R. tit. de Jérusalem, tuteur de Baudouin II. 1229. obtient le titre d'Emp. 1231. † 1237. — 4. ROBERT I. Emp. 1219. † 1228. — 5. BAUDOUIN II. Emp. 1228. chassé par Michel Paléologue 1261. † 1272. E. *Marie*, f. de Jean de Brienne, R. tit. de Jérus. et Emp. de Constantinople.

Philippe, Emp. titulaire de Constantinople, † 1285.

EMPEREURS GRECS DE NICÉE.

EMPEREURS GRECS DE LA MAISON DES PALÉOLOGUES.

TABLE CL.

EMPEREURS GRECS DE NICÉE.

THÉODORE LASCARIS I. proclamé Emp. à Nicée 1206. † 1222. E. *Anne*, f. de l'Emp. Alexis III. l'Ange 1198. (*Tab. CXLVIII.*)

Irène Lascaris, † 1241. E. JEAN DUCAS VATACE, Emp. 1222. † 1255.

11. THÉODORE DUCAS LASCARIS, Empereur 1255. † 1259.

JEAN LASCARIS, Emp. 1259. à l'âge de six ans, dépouillé et aveuglé par Michel Paléologue, son tuteur, 1260. † apres 1284.

TABLE CLI.

EMPEREURS GRECS DE LA MAISON DES PALÉOLOGUES.

1. MICHEL PALÉOLOGUE, proclamé Emp. à Nicée 1260. reprend Constantinople 1261. † 1282.

2. ANDRONIC II. PALÉOLOGUE, Emp. 1282. dépouillé par son petit-fils 1328. † 1332.

Michel Paléologue, associé à l'empire par son père 1295. † 1320. — *Théodore Paléologue*, tige de Marquis des Montferrat, éteints en 1533.

3. ANDRONIC III. PALÉOLOGUE, dit LE JEUNE, Emp. 1328. 1332. † 1341.

4. JEAN I. PALÉOLOGUE, Emp. 1341. chassé par Jean Cantacuzène 1347. rétabli 1355. † 1391. E. *Hélène*, f. de l'Emp. Jean Cantacuzène, 1347. — 5. JEAN CANTACUZÈNE, tuteur de Jean I. Paléologue, s'érige en Emp. 1341. 1347. abdique 1355. † ....

Andronic, exclu du trône pour avoir conspiré contre son père. — 7. MANUEL PALÉOLOGUE, Emp. 1391. † 1425. — 6. MATHIEU CANTACUZÈNE, proclamé Emp. par son père 1354. abdique 1356. † 1380. — *Théodora*, E. *Orkhan*, Sultan Turc 1347.

8. JEAN II. PALÉOLOGUE associé à l'empire par son oncle Manuel 1399. règne seul vers 1400. abdique vers 1402. — 9. JEAN III. PALÉOLOGUE Emp. 1425. † 1448. — *Andronic Paléologue*, Prince de Thessalonique, dépouillé 1425. — 10. CONSTANTIN PALÉOLOGUE DRAGASÈS, dernier Emp. 1448. tué au sac de Constantinople 1453. — *Démétrius Paléologue*, Despote du Péloponnèse, dépouillé 1460. † 1471. — *Thomas Paléologue*, Prince d'Achaïe et du Péloponnèse, dépouillé 1460. † à Rome 1465.

André Paléologue, cède en 1494. ses droits à Charles VIII. R. de France. — *Sophie*, † 1503. E. *Iwan Wasiliewitsch* I. Gr. D. de Russie 1472.

SULTANS TURCS-OTTOMANS,
DEPUIS OTTOMAN I JUSQU'A SOLIMAN-LE-GRAND.

SULTANS TURCS-OTTOMANS,
DEPUIS SOLIMAN-LE-GRAND JUSQU'A NOS JOURS.

TABLE CLII.
SULTANS TURCS-OTTOMANS, DEPUIS OTTOMAN I. JUSQU'A SOLIMAN-LE-GRAND.

Soliman Schah.

Ertogrul ou Orthogrul, † 1289.

1. OSMAN ou OTTOMAN I. jette les fondations de la nouvelle domination des Turcs vers 1300. † 1326.

2. ORKHAN prend le titre de *Sultan* et de *Padischah*, † 1359.

Soliman s'empare de Gallipoli 1358. † 1358. 3. AMURAT ou MOURAD I. dit GAZI, ou LE CONQUÉRANT, Sultan 1359. prend Andrinople 1360. † 1389.

4. BAJAZET I. surnommé ILDRIM ou LE FOUDRE, Sultan 1389. défait et pris par Timour le 16 juin 1402. † le 8 mars 1403.

5. SOLIMAN I. investi par Timour de la Turquie d'Europe 1403. tué 1410.   6. MUSA investi par Timour de la Turquie Asiatique 1403. tué 1413.   7. MAHOMET I. seul Sultan après une anarchie de dix ans 1413. † 1421.

8. AMURAT ou MOURAD II. Sultan 1421. † 1451.   *Mustapha*, tué en 1424.

9. MAHOMET II. Sultan 1451. prend Constantinople 1453. † 1481.

10. BAJAZET II. Sultan 1481. † détrôné par son fils, et † 1512.   *Zizim* ou *Gem*, concurrent de son frère pour le trône, retiré à Rome, † 1494.

11. SELIM I. Sultan 1512. † 1520.

12. SOLIMAN-LE-GRAND.
|
Table CXLIII.

TABLE CLIII.
SULTANS TURCS-OTTOMANS, DEPUIS SOLIMAN-LE-GRAND JUSQU'A NOS JOURS.

12. SOLIMAN II. dit LE GRAND, f. de Sélim I. (*CXLII.*) Sultan 1520. † 1566.

13. SÉLIM II. Sultan 1566. † 1574.   *Bajazet* s'érige contre son frère, est vaincu et tué.

14. AMURAT III. Sultan 1574. † 1595.

15. MAHOMET III. Sultan 1595. † 1603.

16. ACHMET I. Sultan 1603. † 1617.   17. MUSTAPHA I. Sultan 1617. détrôné 1618. rétabli 1622. détrôné de nouveau 1623. étranglé 1639.

18. OTTOMAN II. Sultan 1618. tué par les Janissaires 1622.   19. AMURATH IV. Sultan 1623. † 1639.   20. IBRAHIM, Sultan 1639. étranglé 1649.

21. MAHOMET IV. Sultan 1649. déposé 1687. † 1693.   22. SOLIMAN III. Sultan 1687. † 1691.   23. ACHMET II. Sultan 1691. † 1695.

24. MUSTAPHA II. Sultan 1695. déposé par les Janissaires 1703. † 1707.   25. ACHMET III. Sultan 1703. déposé 1730. † 1736.

26. MAHMOUD I. Sultan 1730. † 1754.   27. OTTOMAN III. Sultan 1754. † 1757.   28. MUSTAPHA III. Sultan 1757. † 1774.   29. ABDUL-HAMID, Sultan 1774. † 1789.

30. SELIM III. n. 1761. Sultan 1789. déposé 1807. † 1808.   31. MUSTAPHA IV. n. 1779. Sultan 1807. déposé 1808. † 1808.   32. MAHMOUD II. n. 1785. Sultan 1808.

TABLE CLIV.

GRANDS-KHANS DES MONGOLS
DE LA FAMILLE DE TSCHINGHIS-KHAN.

TABLE CLIV.

GRANDS-KHANS DES MONGOLS DE LA FAMILLE DE TSCHINGHIS-KHAN.

Jessughai-Baatur-Khan, chef d'une horde mongole sur les rivières d'Onon et de Kerlon, † vers 1170.

1. TSCHINGHIS-KHAN, dit autrement *Themoudgin* ou *Damutschin*, né 1163. s'érige en conquérant, et prend le nom de *Tschinghis* 1206. † 1227.

| *Touchi* (*Zuzi, Sootschi*) est investi des pays situés au nord de la mer Caspienne et du Pont-Euxin, et connus sous le nom de *Kaptschack* ou *Kiptschak*, † 1227. TIGE des Khans du *Kaptschak*; de ceux de *Kasan*, d'*Astracan*, de *Sibérie* et de la *Crimée*, dépouillés successivement par les Russes. | *Zagatai*, † vers 1240. TIGE de la dynastie des Khans du *Zagataï* ou du *Maouarennahar*, dép. par Timour vers 1360. | 2. OKTAÏ, élu Grand-Khan en 1229. † vers 1242. 3. GAÏOUK, élu Grand-Khan vers 1242, † 1248. | *Touli*, régent de l'empire, après la mort de son père, † vers 1233. 4. MANGOU (*Mondo*), élu Grand-Khan vers 1250. † 1259. | 5. KUBLAÏ (*Chubila*), élu Grand-Khan 1260. bâtit Péking, † 1294. TIGE de la dynastie de la *Chine*, dépouillée en 1368. | *Houlakou* (*Helakeou*) † vers 1265. TIGE de la dynastie de la *Perse*, détruite vers l'an 1355. |

TABLES GÉNÉALOGIQUES

DES

PRINCIPALES MAISONS SOUVERAINES,

RENFERMÉES DANS LE QUATRIÈME VOLUME.

---

1. Rois des Vandales en Espagne et en Afrique.
2. Rois des Suèves en Espagne.
3. Rois Visigoths en Espagne et dans la Gaule.
4. Rois des Ostrogoths en Italie.
5. Rois des Lombards en Italie.
6. Rois des Bourguignons dans la Gaule.
7. Rois de la Bourgogne cisjurane.
8. Rois de la Bourgogne transjurane et des deux Bourgognes.
9. Rois des Francs Mérovingiens.
10. Maires du palais, ducs et princes des Francs, sous les derniers rois Mérovingiens.
11. Empereurs et rois d'Italie des Francs Carlovingiens.
12. Rois d'Allemagne et de Lorraine, de la maison carlovingienne.
13. Empereurs et rois d'Allemagne, de Lorraine, d'Italie, de la maison de Saxe.
14. Empereurs et rois d'Allemagne, de Lor-

raine, de Bourgogne, d'Italie, de la maison Salique.
15. Empereurs et rois de la maison de Hohenstaufen.
16. Empereurs et rois de différentes maisons.
17. Empereurs et rois de la maison de Luxembourg.
18. Empereurs et rois de la maison de Habsbourg-Autriche.
19. Maison impériale de Lorraine-Autriche.
20. Rois de France de la maison des Carlovingiens.
21. Rois de France de la dynastie des Capétiens, depuis Hugues Capet jusqu'à Charles-le-Bel.
22. Rois de France de la branche de Valois.
23. Rois de France de la branche de Valois-Orléans.
24. Rois de France de la branche de Bourbon.
25. Rois de Navarre.
26. Rois de Castille et de Léon.
27. Rois d'Aragon.
28. Califes d'Espagne ou de Cordoue.
29. Rois d'Espagne de la maison d'Autriche.
30. Rois et princes d'Espagne de la maison de Bourbon.
31. Rois de Portugal, depuis Alphonse I jusqu'à Ferdinand, 1139-1383.

32. Rois de Portugal, depuis Jean I jusqu'à Philippe III (IV).
33. Rois de Portugal de la maison de Bragance.
34. Rois des Deux-Siciles des Normands François.
35. Rois des Deux-Siciles de la maison de Hohenstaufen.
36. Rois de Naples de la maison d'Anjou.
37. Rois de Naples de la maison d'Aragon.
38. Rois titulaires de Naples de la seconde maison d'Anjou.
39. Rois de Sicile et de Naples de la maison d'Aragon.
40. Rois des Deux-Siciles de la maison d'Autriche.
41. Rois des Deux-Siciles de la maison de Bourbon.
42. Rois de Sardaigne de la maison de Savoie.
43. Rois d'Angleterre, Anglo-Saxons et Danois.
44. Rois d'Angleterre de la maison des ducs de Normandie.
45. Rois d'Angleterre de la maison de Plantagenet.
46. Rois d'Angleterre de la maison de Tudor.
47. Rois de la Grande-Bretagne de la maison de Tudor.

48. Rois de la Grande-Bretagne de la maison d'Hanovre.
49. Stadhouders des Provinces-Unies des Pays-Bas de la maison de Nassau-Orange.
50. Rois d'Écosse, depuis le douzième siècle.
51. Rois de Danemarck, depuis le dixième siècle jusqu'à la fin du quatorzième.
52. Rois de Norwège.
53. Rois Lodbrokiens de Suède.
54. Rois de Suède de la race des Stenkill.
55. Rois de Suède de la race de Suerker.
56. Rois de Suède de la race de Saint-Eric.
57. Rois Folkungiens de Suède.
58. Rois de l'Union des trois royaumes du Nord.
59. Rois et administrateurs de la Suède pendant l'Union.
60. Rois de Danemarck et de Norwège de la maison d'Oldenbourg.
61. Rois de Suède de la maison de Wasa.
62. Rois de Suède de la maison Palatine de Deux-Ponts.
63. Rois de Suède de la maison d'Oldenbourg ou de Holstein-Gottorp.
64. Grands-ducs de Russie, depuis Rurik jusqu'à Jaroslow II Wsewolodowitsch.
65. Grands-ducs et tzars de Russie, depuis Jaroslaw II Wsewolodowitsch jusqu'à Fédor Iwanowitsch.

66. Tzars de Russie de différentes maisons.
67. Tzars et empereurs de Russie de la maison de Romanow.
68. Empereurs de Russie de la maison d'Oldenbourg et de Holstein-Gottorp.
69. Ducs et rois de Pologne de la maison des Piasts.
70. Grands-ducs de Lithuanie, antérieurs à Jagellon.
71. Rois de Pologne et grands-ducs de Lithuanie de la maison de Jagellon.
72. Rois électifs de Pologne de différentes maisons.
73. Ducs et rois slavons de Bohême.
74. Rois de Bohême des maisons de Luxembourg et de Lithuanie.
75. Rois de Hongrie, depuis Etienne I jusqu'à Etienne II.
76. Rois de Hongrie, depuis Bela II jusqu'à Otton de Bavière.
77. Rois de Hongrie de la maison d'Anjou.
78. Rois de Hongrie de différentes maisons.
79. Rois de Hongrie et de Bohême de la maison d'Autriche.
80. Les anciens électeurs et marggraves de Brandebourg de la maison de Hohenzollern.
81. Les électeurs et ducs de Prusse de la maison de Brandebourg.

82. Rois de Prusse de la maison électorale de Brandebourg.
83. Table générale des maisons Palatine et de Bavière, issues des anciens comtes de Wittelsbach.
84. Les électeurs Palatins de l'ancienne branche électorale Palatine.
85. Les électeurs Palatins de la branche Palatine de Simmern.
86. Les électeurs Palatins des branches Palatines de Neubourg et de Sultzbach.
87. Les comtes Palatins, ducs de Deux-Ponts.
88. Les comtes Palatins de Birckenfeld, ducs de Deux-Ponts et de Bavière.
89. Les ducs de Bavière, depuis l'empereur Louis de Bavière jusqu'à Guillaume IV.
90. Les ducs et électeurs de Bavière, depuis Guillaume IV jusqu'à leur extinction dans les mâles.
91. Les comtes et ducs de Wurtemberg, depuis Ulric I jusqu'à Frédéric I, 1265—1593.
92. Les ducs et princes de Wurtemberg, depuis le duc Frédéric I jusqu'au duc Frédéric II, 1593—1795.
93.
93. bis. } La famille royale de Wurtemberg.

94. Les ducs et électeurs de Saxe, issus des anciens marggraves de Misnie.
95. Table générale de la branche Ernestine de la maison de Saxe.
96. Les ducs de Saxe-Weimar.
97. Les ducs de Saxe-Gotha.
98. Les ducs de Saxe-Meinungen.
99. Les ducs de Saxe-Hildbourghausen.
100. Les ducs de Saxe-Cobourg-Saalfeld.
101. Les ducs et électeurs de Saxe, de la branche Albertine jusqu'à Jean-George II.
102. Les électeurs de Saxe depuis Jean-George II jusqu'à nos jours.
103. Les anciens marggraves de Bade, issus des ducs de Zaringue (Zæhringen) depuis Herman I jusqu'à Rodolphe I, 1074—1243.
104. Les marggraves de Bade depuis Rodolphe I jusqu'à l'origine des deux branches modernes de Bade-Bade et de Bade-Dourlach, 1243—1517.
105. Les marggraves de Bade-Bade, depuis Bernhard III jusqu'à leur extinction dans les mâles.
106. Les marggraves de Bade-Dourlach, depuis le marggrave Ernest jusqu'à nos jours.
107. Origine de la maison de Hesse issue des anciens landgraves de Thuringe, sei-

gneurs de Hesse, et des ducs de Brabant.
108. Les anciens landgraves de Hesse, depuis Henri-l'Enfant jusqu'à l'origine des deux branches de Hesse-Cassel et de Hesse-Darmtsadt.
109. Les landgraves de Hesse-Cassel et de Hesse-Rothenbourg.
110. Les landgraves de Hesse-Darmstadt.
111. Les landgraves de Hesse-Hombourg.
112. Table générale de la maison de Nassau, représentée dans ses différentes branches.
113. Les princes de Nassau-Usingen et de Saarbruck.
114. Les princes de Nassau-Weilbourg.
115. Les princes de Nassau-Dietz.
116. Table générale de la maison de Holstein ou d'Oldenbourg, représentée dans ses branches encore florissantes.
117. Les ducs de Holstein-Augustenbourg.
118. Les ducs de Holstein-Beck.
119. Les ducs de Holstein-Oldenbourg.
120. Table générale de la maison d'Anhalt, dite aussi Ascanienne, depuis Henri-le-Gros, son fondateur, jusqu'à l'origine des branches modernes de cette maison.
121. Les princes d'Anhalt-Dessau.
122. Les princes d'Anhalt-Bernbourg.

123. Les princes d'Anhalt-Cœthen.
124. Les princes d'Anhalt-Zerbst.
125. Les anciens princes et seigneurs de Mecklenbourg avant la dignité ducale.
126. Les ducs de Mecklenbourg, depuis le duc Albert I jusqu'à l'origine des deux branches modernes de Mecklenbourg-Schwerin et de Mecklenbourg-Strelitz.
127. Les ducs de Mecklenbourg-Schwerin.
128. Les ducs de Mecklenbourg-Strelitz.
129. Origine de la maison ducale et électorale de Brunswick.
130. Les anciens ducs de Brunswick et de Lunebourg, depuis Otton dit l'Enfant jusqu'à Ernest dit le Confesseur, 1235 —1546.
131. Les nouveaux ducs de Brunswick-Wolfenbuttel.
132. Les nouveaux ducs de Brunswick-Lunebourg et électeurs d'Hanovre.
133. Les ducs de la Haute-Lorraine ou Lorraine Mosellane, depuis Gérard d'Alsace jusqu'au duc Antoine, 1048—1508.
134. Les ducs de Lorraine, depuis le duc Antoine jusqu'à François-Etienne, 1508 —1737.
135. Les ducs de la Basse-Lorraine, de Lothier ou de Brabant.

136. Les ducs de Milan de la maison des Visconti jusqu'à Barnabas Visconti.
137. Les ducs de Milan de la maison des Visconti depuis Jean Galéas jusqu'à leur extinction.
138. Les ducs de Modène et de Ferrare de la maison d'Este.
139. Les ducs de Mantoue et de Montferrat.
140. Les ducs de Florence et grands-ducs de Toscane, de la maison de Médicis.
141. Les grands-ducs de Toscane de la maison de Lorraine.
142. Les ducs de Parme de la maison de Farnèse.
143. Les ducs de Parme de la maison de Bourbon.
144. Suite chronologique des papes, depuis Grégoire VII jusqu'à la fin du grand schisme d'Occident.
145. Suite chronologique des papes depuis le grand schisme d'Occident.
146. Suite chronologique des empereurs d'Orient, depuis Arcadius, fils de Théodose-le-Grand, jusqu'à l'avénement de la maison des Comnènes.
147. Empereurs Grecs de la maison des Comnènes.
148. Empereurs Grecs de la maison des Anges.

149. Empereurs Latins de Constantinople.
150. Empereurs Grecs de Nicée.
151. Empereurs Grecs de la maison des Paléologues.
152. Sultans Turcs-Ottomans, depuis Ottoman I jusqu'à Soliman-le-Grand.
153. Sultans Turcs-Ottomans, depuis Soliman-le-Grand jusqu'à nos jours.
154. Grands-Khans des Mongols de la famille de Tschinghis-Khan.

FIN.